ℰ𝒱 reinhardt

Peter Krallmann
Annelie Beel-Krallmann

Onkel Fritz geht baden

51 Familiengeschichten zum Vorlesen bei Demenz

Ernst Reinhardt Verlag München Basel

Peter Krallmann, Rosendahl (bei Coesfeld), ist als psychologischer Berater sowie ehrenamtlicher Mitarbeiter bei verschiedenen sozialen Einrichtungen tätig. Von Peter Krallmann (zusammen mit Uta Kottmann) sind zwei weitere Bände mit Vorlesegeschichten im Ernst Reinhardt Verlag erhältlich: „Ein Koffer voll Erinnerungen" (ISBN 978-3-497-02563-3) und „Ein Fahrrad erzählt" (ISBN 978-3-497-02432-2).

Annelie Beel-Krallmann, ebenfalls Rosendahl, war langjährig als Sonderschullehrerin mit den Schwerpunkten Lernen und Sprache tätig und hat sechs Jahre lang ihre demenzkranke Mutter betreut.

Bibliografische Information der Deutschen Nationalbibliothek

Die Deutsche Nationalbibliothek verzeichnet diese Publikation in der Deutschen Nationalbibliografie; detaillierte bibliografische Daten sind im Internet über <http://dnb.d-nb.de> abrufbar.

ISBN 978-3-497-02560-2 (Print)
ISBN 978-3-497-60225-4 (E-Book)

Printed in Germany
Covermotiv: © nito / fotolia.com
Satz: FELSBERG Satz & Layout, Göttingen

Ernst Reinhardt Verlag, Kemnatenstr. 46, D-80639 München
Net: www.reinhardt-verlag.de E-Mail: info@reinhardt-verlag.de

Inhalt

Familienfeste

Die liebe Verwandtschaft

Besondere Begegnungen

Vorwort

Das Lachen ist bekanntermaßen ein Teil der Kommunikation, den ein Demenzkranker auch noch im späten Stadium versteht. Deshalb haben wir kurze Vorlesegeschichten mit Inhalten aus dem familiären und verwandtschaftlichen Alltag geschrieben, die Heiterkeit auslösen.

Wir wissen, dass emotionale Reaktionen nicht eindeutig vorhersehbar sind. Unabhängig davon, wie sie ausfallen, können sie als kommunikativer Anreiz genutzt werden, um mit dem Zuhörer über seine eigenen Erinnerungen an Familienerlebnisse ins Gespräch zu kommen. Neben der emotionalen Berührung, die recht unterschiedlich sein kann, ist auch das Erfassen der beschriebenen Situation und des Humors individuell verschieden. Einige Geschichten haben am Schluss eine Pointe, die nur aus dem Zusammenhang erfasst werden kann, also eine gewisse Anforderung an das Kurzzeitgedächtnis stellt. Deshalb haben wir versucht, in diesem Band ein differenziertes Angebot für das unterschiedliche Niveau der bildhaften Vorstellungskraft, des Sprachverstehens und der Merkfähigkeit zu machen.

Am Ende solcher Texte bieten wir einen kurzen erklärenden Anhang an, der das Verständnis für die dargestellte Situation unterstützt, falls es nötig ist. Der sensible Vorleser orientiert sich an den Reaktionen des Zuhörers und kann selbst die Entscheidung treffen, ob am Ende der Geschichte der klärende Anhang gelesen werden sollte. Hier noch einige Hinweise für den Vorleser:

- Argumentieren Sie niemals logisch.
- Versuchen Sie nicht, dem Zuhörer seine Fantasien auszureden.
- Nehmen Sie alle Assoziationen humorvoll hin.
- Empfangen Sie seine Wahrnehmungen und Emotionen gelassen.
- Versuchen Sie positive Emotionen und Lachen zu wecken und zurückzugeben.

Wir wissen natürlich um die Bedeutung der Rolle des Vorlesers, besonders wenn er Angehöriger ist. Darum möchten wir all den klugen Hinweisen hinzufügen: ... sofern es Ihnen möglich ist.

Rosendahl, im Juli 2015

Peter Krallmann und
Annelie Beel-Krallmann

Er und Sie

Baumarkt

„So, jetzt habe ich dich durch die Textilgeschäfte beim Kauf deiner Jacke begleitet. Das hat ja wirklich lange gedauert. Dafür, finde ich, gehst du jetzt mit in den Baumarkt.“ Nein, nicht schon wieder. Ich dachte es nur und sagte stattdessen: „Was willst du denn heute da? Wir haben doch Nägel, Schrauben, Pinsel und Bohrmaschinen in allen Versionen und in ausreichender Menge bis an unser Lebensende.“ „Und wenn wir ganz lange leben?“, fragte mein Mann. Also gingen wir in den Baumarkt. „Heute hat der Baumarkt Schraubensortimente im Angebot: Kreuzschlitz, Inbus und metrisches Gewinde. So etwas muss man in ausreichender Anzahl im Haus haben.“ Im ersten Gang des Baumarktes schaute sich mein Mann die Bohrmaschinen an. „Das ist eine richtig gute Metabo, Profiausführung, aber teuer. Und dieser Akkuschrauber ist klasse.“

„Ja, aber du hast doch schon zwei Bohrmaschinen.“

„Und du hast mindestens zwei Jacken.“

„Na komm, jetzt mal ehrlich. Du willst doch keine mehr kaufen – oder?“

Insgeheim traute ich ihm zu, dass er doch wohl gerne zugreifen würde. Gut, dass ich mitgegangen war in den Baumarkt. Weiter! Schon blieb er bei einem Sonderangebot einer Flex stehen. „Guter Preis“, staunte er. „Komm jetzt, du wolltest doch die Schraubensortimente kaufen.“

Im Vorbeigehen griff er sich schnell noch ein Pinselsortiment. „Für alle Fälle“, meinte er. Jetzt standen wir an der Mittelgondel und mein Mann hatte die Qual der Wahl. „Ich brauche kurze Schrauben mit Kreuzschlitz. Such du doch bitte die längeren, rostfreien mit Inbus und außerdem die verzinkten Schlossschrauben.“ So suchten wir und wühlten auf dem Angebotstisch, bis mein Mann endlich sagte: „Ach, ich nehme jetzt alle fünf Sortimente. Die kann man immer gebrauchen.“

Ich konnte mir die Bemerkung nicht verkneifen: „Mann am Wühltisch im Baumarkt – Frau am Tisch mit Sonderangeboten im Textilladen – wo ist da eigentlich der Unterschied?“

Die große Stadt

Dort unten, dort bin ich eben hergefahren auf dem Weg in die Tiefgarage. Ich kann die Straße wiedererkennen – zum Glück. Ich bin noch nicht oft hier gewesen, hier in der großen Stadt, die jetzt meine Heimat ist. Die vielen Menschen, das Gewusel auf den Straßen und vor allem die unzähligen Fahrräder – alles ist etwas verwirrend für mich. Hoffentlich finde ich nachher mein Auto wieder.

Wenn ich aus dem Fenster schaue, sehe ich gegenüber die helle Sandsteinfassade des Naturkundemuseums. Zwei Kirchtürme recken sich in die Höhe, um gerade noch über das Gebäude hinausschauen zu können. Der alte Baukran schafft es nicht ganz, er ist etwas zu klein. Ein dürrer Baum steht verloren an der Ecke und träumt von einem dichten grünen Wald.

Früher habe ich mit meiner Frau und den Kindern auf unserem Hof gelebt, in einem kleinen Dorf im Münsterland. Dann hat unser Sohn den Hof übernommen. Meine Frau und ich haben uns gedacht, es sei besser für ihn, ohne unsere Kontrolle zu wirtschaften. Ich bin sicher, er schafft das. Als Erinnerung haben wir uns ein altes Stallfenster mitgenommen. Von Rost befreit hängt es an der weißen Wand im Eingangsbereich. Meine Frau dekoriert es jahreszeitlich. Wir wohnen jetzt in einer netten Eigentumswohnung und haben alles, was für uns im Alter wichtig ist, in der Nähe. Vor allem eine gute italienische Eisdiele. So etwas gab es in unserem Dorf nicht. Und ich trinke so gerne richtigen italienischen Kaffee und meine Frau isst gerne Cassata.

Die richtige Größe

„Schau mal, wie findest du die?“ Ich halte mir einen dunkelblauen Baumwollpulli vor den Körper – danach einen mittelblauen mit V-Ausschnitt. „Sind beide ganz gut“, erwidert mein Mann. Immerhin keine Ablehnung. „Ich probiere sie mal an – wegen der Größe.“ Der blaue V-Ausschnittpulli gefällt mir nicht. Der andere steht mir bestimmt besser. Ich ziehe ihn an, schiebe den Vorhang der Umkleidekabine zur Seite und präsentiere das Teil meinem Mann. „Geht so“, sagt er wenig charmant. Hätte ich ihn lieber nicht anprobiert, einfach so mitgenommen und fertig. So ist mir der Spaß daran verdorben. Ich falte beide Pullis – nicht ganz ordentlich – und lege sie zurück auf den blauen Stapel. Hellgrün sieht auch nicht schlecht aus. Schon ist die Welt wieder in Ordnung. Neue, hellgrüne Hoffnung lässt die nicht akzeptierten blauen Pullis schnell vergessen. Meine Hände befühlen das Material – dünne, weiche Merinowolle. „Aber du wolltest doch blau“, tönt es hinter mir, so dass meine heile, hellgrüne Welt wieder ins Wanken gerät. „Farblich bin ich nicht so festgelegt“, antworte ich und versuche, mein Gute-Laune-Programm wieder aufzubauen. Eine zartblaue Lambswool-Jacke mit 30 % Kaschmiranteil hilft mir dabei. Der Preis allerdings nicht. Ich nehme sie trotzdem, ohne Anprobe.

Zur Kasse. Bezahlen. Sie gehört mir! Jetzt erst frage ich meinen Mann: „Wie gefällt sie dir?“ „Nicht schlecht, ich glaube, die Wolle ist schön weich. Aber passt sie dir denn?“ „Bestimmt!“

Fernsehprogramm I

Meine Arbeit am Schreibtisch ist erledigt. Zur Entspannung werde ich ein wenig fernsehen. Ach, mein Mann sitzt schon im Fernsehsessel: Biathlon! Nein, darauf habe ich keine Lust. Ich gehe in den Wirtschaftsraum. Dort hängen viele Blusen und Hemden, die gebügelt werden wollen. Drei Hemden, vier Blusen sind fertig.

Ein neuer Versuch. Er hat es sich noch ein wenig gemütlicher gemacht: Jetzt hat er die Beine hochgelegt und schaut Fußball! Nein, auch danach ist mir nicht. Ich gehe in die Küche und mache uns eine Kleinigkeit zu essen. Blätterteig aus dem Kühlschrank bestreiche ich mit Frischkäse und belege ihn mit gekochtem Schinken. Alles wird gerollt und in Scheiben geschnitten. So entstehen kleine Schnecken, die nur noch in den Backofen müssen. Der Duft lockt meinen Mann in die Küche. Ich nutze die Chance, laufe schnell hinten herum und setze mich in den Fernsehsessel. Als er kommt, läuft schon die Tagesschau. „Was machst du denn da?", fragt er verwundert.

„Ich habe dir nur Platz gemacht in der Küche, damit du in Ruhe die Blätterteigschnecken essen kannst, oder wir essen sie gemeinsam bei ‚Wer wird Millionär' – nur bitte keine Sportsendung."

Fernsehprogramm II

Heute war es ein langer Arbeitstag. Nervige Gespräche im Büro. Unterwegs viel Verkehr. Aber jetzt bin ich zu Hause. Ich stelle das Auto vor der Garage ab und freue mich auf ein kühles Bier und Fernsehen.

Ach, nee! Die Kiste flimmert schon. Meine Frau sieht wieder „Lindenstraße". Die hat es gut. Warum guckt sie immer so seichte Sachen? Bestimmt mit „Happy End". „Guten Abend, guck ruhig weiter. Ich habe noch im Keller zu tun. Das Regal aufbauen."

Eine halbe Stunde später gehe ich nach oben. Ein neuer Versuch für einen entspannten Fernsehabend. Das Bier habe ich mir schon aus dem Keller mitgebracht. Pech gehabt. Jetzt guckt sie NDR Regional. Das interessiert mich ja gar nicht. Nun gut, dann spalte ich noch ein wenig Holz. Körperliche Arbeit tut gut, wenn man gestresst ist. Da kommt mir eine Idee. Ich ahne jetzt gute Voraussetzungen für die Verhandlungen über das heutige Fernsehprogramm. „Wie wäre es mit einem gemütlichen Feuer im Kamin und einem Glas Rotwein dazu?" „Eine tolle Idee, das passt zu dem unfreundlichen Herbstabend", freut sich meine Frau ein wenig zu früh. Ich habe aber noch einen Nachtrag: „Das Feuer im Kamin brennt nur, wenn wir ein gutes Fernsehprogramm haben."

Kann ich dir helfen?

Der Schlüssel dreht sich im Schloss. Unser Hund springt auf und rennt zur Haustür. Er weiß, mein Mann kommt nach Hause. Die Kaffeemaschine brodelt, die letzte Tasse muss noch durchlaufen. Vier Stück Schlesischer Mohnkuchen stehen schon auf dem Tisch. Mein Mann isst so gerne Mohnkuchen. Zwei Stücke für ihn, eins für Timo, eins für mich.

„Na, wie war es im Büro?“ „So wie immer. Aber der Mohnkuchen schmeckt mal wieder einmalig. Wo ist Timo?“ Unser Hund stupst Herrchen an, um seine Streicheleinheiten einzufordern oder ein Stückchen Mohnkuchen. „Timo ist in der Klavierstunde. In 20 Minuten muss ich ihn abholen. Außerdem ist heute auch noch mein Sprachkurs.“

„Kann ich dir irgendwie helfen?“

„Ach nein, lass mal, ich schaffe das schon. Aber weißt du, heute Abend koche ich mal nicht.“

„Muss auch nicht sein, dann essen wir eben eine Scheibe Brot.“

„Tschüss bis heute Abend. Ich lasse Timo gleich an der Haustür raus und fahre sofort weiter.“

Beim Autofahren denke ich: „Reiß dich zusammen, keine Hetze, du hast genug Zeit, du schaffst es schon.“ Richtig, es klappt zeitlich alles. Um 19.00 Uhr ist der Sprachkurs beendet. Nebenan riecht es aus einer Grillstube so gut, dass ich hineingehe und drei Mal Currywurst mit Pommes bestelle. Das Abendessen ist gerettet.

Fünf Minuten später bin ich zu Hause. Unser Hund kommt mir entgegengerannt. Vermutlich riecht die Currywurst so gut. Aber aus der Küche riecht es auch gut. Mein Mann steht am Backofen und strahlt: „In zwei Minuten ist die Pizza fertig.“ Heute Abend gibt es also als Vorspeise Pizza und als Hauptgericht Currywurst mit Pommes – oder umgekehrt.

Wir schaffen das. Falls nicht, hilft uns unser Hund.

Erklärender Anhang: Am Nachmittag hatten wir vereinbart, dass es zum Abendessen nur Brot geben solle. Jeder wusste aber vom anderen, dass er eigentlich ein warmes Gericht bevorzugte. In diesem Fall wollte jeder den anderen überraschen. So kam es dazu, dass es zwei warme Gerichte am Abend gab.

Platanen

Drei große, recht alte Platanen stehen vor unserem Haus. In der kalten Jahreszeit lässt das lichte Geäst die seltenen Sonnenstrahlen in unser Wohnzimmer hineinblinzeln. Sonnenstrahlen, nach denen man sich in dieser Jahreszeit besonders sehnt. Wenn die hellgrünen Blättchen sich im Frühling allmählich kräftiger verfärben und richtige, derbe Platanenblätter geworden sind, dann spenden sie unserem Haus Schatten. Dafür sind wir im Sommer manches Mal dankbar. Auch dankbar dafür, dass wir ohne Sonnenschirm auskommen. Allerdings brauchen wir häufiger ein Putztuch. Die Vögel, die die Platanen als ihren Wohnsitz betrachten, lassen ihren Gruß von oben rücksichtslos auf unsere Gartenmöbel fallen. Im Herbst verwünsche ich regelmäßig unsere drei Bäume und hätte dafür lieber Nadelgewächse. Eine Unmenge von Blättern fällt dann herunter und muss gefegt werden. Immer wieder.

Es war wieder einmal Herbst. Der Wind pfiff durch die Bäume. Ich harkte Laubhaufen zusammen und packte sie schnell in Säcke, bevor alles davongeweht wurde. Drei Stunden Arbeit. Ich war geschafft und ging ins Haus. Ich trank ein großes Glas Mineralwasser, legte die Beine hoch und las ein paar Seiten in meinem Buch. Eine Stunde später kam mein Mann nach Hause. „Ganz schön stürmisch ist es heute. Du, wir müssten dringend Laub fegen!"

Ich konnte es kaum glauben – mein Mann hatte manchmal einen merkwürdigen Humor. Ich schaute zum Fenster hinaus und stellte fest, dass es heute kein Humor war. Der Wind hatte die Bäume wieder so gerüttelt, dass Garten und Wege komplett mit Laub bedeckt waren.

Von Kindern und Eltern – Erlebnisse in drei Generationen

Brombeergelee

Die Sonne scheint, nein sie brennt. Ein paar vereinzelte Wolken können nicht verhindern, dass es an diesem Spätsommertag Ende August richtig heiß ist. „Wo er nur bleibt?“ Meine Mutter ist in Sorge. Sie macht sich immer Sorgen, wenn mein Vater im nahegelegenen Wald unterwegs ist – und sonst auch. Sein Hausarzt hat gesagt, es sei für seine Gesundheit besser, wenn er sich etwas schone. Mein Vater sieht das ganz anders und er verhält sich auch anders. Von Ärzten hält er nicht viel. Er mäht den Rasen, jätet Unkraut und reinigt die Hofeinfahrt mit dem Hochdruckreiniger. „Er ist unvernünftig“, meint meine Mutter zu mir. „Immerhin sieht er doch gesund aus und ist zufrieden“, antworte ich. „Ich glaube, ihm geht es gut.“

Inzwischen werde ich allerdings auch etwas nachdenklich. Da schrillt die Dorfsirene. Ich zucke leicht zusammen. Es ist doch nur Probealarm, fällt mir da ein, wie immer samstags um 12.00 Uhr. Trotzdem, er ist jetzt über zwei Stunden weg, ich gehe ihn suchen.

Weit muss ich nicht gehen. Da steht mein Vater am Wegrand mit seinem hellen Panamahut im dornigen Gestrüpp. Er lacht mir zu und winkt mich heran. Schweißrinnsale laufen über sein zufriedenes Gesicht und an seinem von Dornen zerkratzten Arm hängt ein Eimerchen voller Brombeeren. Er isst gerne Brombeergelee. Noch an diesem Nachmittag sind viereinhalb Gläser Gelee gekocht und als wir zusammen Kaffeetrinken, meint er: „War doch besser als den ganzen Tag im Sessel sitzen und Zeitung lesen oder fernsehen.“

Erklärender Anhang: Aus heutiger Sicht der Medizin hat sich mein Vater richtig verhalten. Ein gesundes Maß an körperlicher Aktivität hält fit und trainiert den gesamten Organismus und vor allem das Herz.

Das Double

Hansi kann sprechen. Nach unermüdlichem Vorsprechen aller Familienmitglieder sagt Hansi jetzt endlich so etwas Ähnliches wie „Gun Mooahn." Die ganze Familie versteht ihn. Guten Morgen heißt das natürlich, was sonst? Hansi und meine Mutter mögen sich. Kaum öffnen wir das Türchen seines Käfigs, fliegt er auf ihre Schulter, auf ihren Kopf oder sogar auf ihre Hand. Besonders gern hat Hansi die Eisenbahn meines Bruders. Wenn sie ihre Runden dreht, zwitschert er ganz aufgeregt. Wenn sie still steht, setzt er sich sofort auf die schwarze Lok. Dann startet mein Bruder den Zug wieder. Mit aufgeregtem Geflatter und Gezwitscher bringt sich Hansi in Sicherheit. Hoch oben auf der Gardinenstange sitzt er dann und murmelt in Wellensittichart, so als wolle er sich beschweren. Manchmal lässt er vor Aufregung sogar noch einen kleinen Vogelsch ... fallen.

Montagmorgen, meine Mutter fährt für drei Wochen zu einer Kur. „Hoffentlich vermisst er mich nicht", sagt sie zum Abschied. Um Hansi abzulenken, spielen wir wieder das Eisenbahnspiel. Aber heute fliegt Hansi nicht auf die Gardinenstange. Wir haben wohl nicht bemerkt, dass wir ein Fenster nicht geschlossen hatten – aber Hansi. Er ist weg. Alles Suchen und Rufen hilft nichts. Was sollen wir ohne Hansi machen? Er wird uns fehlen. Und unsere Mutter! Ich will gar nicht daran denken.

„Da muss sofort ein neuer her", fordert mein Bruder. Der neue Hansi soll natürlich genauso aussehen wie der alte. Wir geben uns große Mühe bei der Auswahl. Endlich haben wir einen. Wir spielen nicht das Eisenbahnspiel mit ihm, aber nahezu ständig spricht ihm einer von uns klar und deutlich, mit Wellensittichsingsang in der Stimme, vor: „Guten Morgen, Guten Morgen, Guten Morgen." Zwei Wochen haben wir noch Zeit, dann kommt meine Mutter wieder zurück.

Es ist soweit. Wir holen meine Mutter vom Bahnhof ab. „Wie schön, dass du wieder da bist. Drei Wochen waren aber wirklich lang." Ich denke, nicht lang genug für unseren Sprachkurs mit dem neuen Wellensittich, sage es aber nicht.

„Zu Hause ist es doch am schönsten", stellt meine Mutter nach ein paar Tagen fest, „aber Hansi ist so anders. Er hat es mir wohl übel genommen, dass ich drei Wochen weg war."

Erklärender Anhang: Meine Mutter erkannte nicht sofort, dass im Käfig ein anderer Wellensittich saß. Der Neue sah genauso aus wie Hansi, der uns weggeflogen war. Sein Verhalten war aber anders, sein Sprachtalent auch. Viel später gestanden wir, was uns passiert war.

Das Familienfoto

„Kinder, los geht's!“ Papa saß schon im Auto, der Motor brummte. Ich musste schnell noch den Block und die Kiste mit den Buntstiften von oben holen. Im Eiltempo war ich wieder unten, denn ich wusste, mein Vater konnte brummig werden; wurde er aber dieses Mal nicht. Die Autofahrt zu unserem Opa war sehr weit. Meine ältere Schwester und ich saßen auf der Rückbank, lasen Autokennzeichen und spielten Stadt – Land – Fluss. Damit ich auch einmal eine kleine Chance auf den Punktgewinn hatte, wandelten wir es ab in Name – Blume – Tier. Ich konnte noch nicht so gut schreiben. Bei jedem Rechtschreibfehler triumphierte meine große Schwester: „Punktabzug!“ Meine Mutter versuchte dann, den Frieden wiederherzustellen. Mein Vater drehte am Knopf des Autoradios und fand seinen Sender. Der Musikgeschmack unserer Eltern war so, dass wir ständig kicherten, während wir unsere Hände zu Schaufeln formten und so taten, als würden wir Schmalz zum Autofenster hinaus schaufeln. „Eure Musik ist aber altmodisch!“, platzte es aus meiner Schwester heraus. Huu, die traut sich was, dachte ich bei mir. „Jeder hat eben einen anderen Geschmack.“ Damit mäßigte uns meine Mutter. So ermahnt dösten wir nun ein Weilchen vor uns hin. Auf einer Anhöhe, wenige Kilometer vor Opas Häuschen im Westerwald, hielt mein Vater an. Meine Mutter schminkte sich die Lippen rot. Vater kämmte sich. Für uns hieß es jetzt, die guten Sachen anziehen – und das hinten auf der Rückbank.

Dunkelblauer Cordrock für mich. Grüner Faltenrock für meine Schwester. Das war ein Gerutsche auf der Rückbank, bis wir die Röcke anhatten. „Das ist meiner!" Meine Schwester riss mir den grünen Pulli aus der Hand. Stimmt, der blaue gehörte mir. Jetzt noch die weißen Kniestrümpfe und die Lackschuhe. Fertig! Nein, fast! Haare kämmen und jetzt der Frisur mit den Hornspangen, den Libellen, den letzten Schliff geben. Das Auto hatte sich schon wieder in Bewegung gesetzt, wir rollten auf Opas Hof.

Wenn ich mir heute das Familienfoto vor Opas großer Treppe anschaue, dann staune ich, dass darauf nichts von dem Umkleidechaos im Auto zu erkennen ist. Nur meine Schwester und ich wissen, dass die Kniestrümpfe vertauscht waren.

Das Klavier

Mit unseren zwei kleinen Kindern leben wir auf einem Bauernhof am Rande des Dorfes. Am Ende einer großen Wiese plätschert ein Bach. Wenn wir hinten aus dem Haus gehen, liegt gleich links von der Eberesche ein Teich mit ein paar Goldfischen und Fröschen. In direkter Nachbarschaft stehen zwei Fachwerkhäuser. Ringsherum viel freies Feld – wir können weit sehen.

In unserer großen Wohnküche steht hinten rechts neben der Tennentür unser Klavier. Timo, unser jüngster Sohn, hat es zu Weihnachten bekommen. Der Standort ist ungünstig. Immer wenn die Tür geöffnet wird, ist das Musikinstrument einem Schwall kalter Luft ausgesetzt. Bald ist es verstimmt. Kein Wunder. Eines Tages sind Töne zu hören, ohne dass Timo spielt. Wie ist das möglich? Für mich gibt es nur eine Erklärung: „Das sind die Spannungen im Klavier, die durch die kalte Luft aus der Tenne entstehen."

Am nächsten Tag wieder. Timo spielt nicht, aber das Klavier. Ein Ton, ganz zaghaft. Komisch. Auch die Tennentür hat niemand geöffnet. Das Klavier gibt wieder einen Ton von sich. Huscht da etwas am Boden? Ich schaue mich im ganzen Raum suchend um. Hinten am Fenster, an der Tischkante, guckt ein kleines Mausegesicht in unsere Küche. Ahnungslos sitzt die Maus auf dem Tisch. Mein Mann schleicht sich heran, stülpt ihr ein Sieb über und wir geben dem kleinen Tierchen die Freiheit wieder – weit weg vom Klavier – ganz hinten auf der anderen Seite des Bachs.

Sie war die Klavierspielerin. Wie wird sie jetzt, ohne Musik, in ihrem neuen Leben klarkommen?

Grabowski

Wir standen am Zaun, schauten auf das Nachbargrundstück und lachten. Die gesamte Wiese war voller Maulwurfshügel. Sie ähnelte eher einem Acker als einer Wiese. Wir lachten, aber nicht mehr lange. Eine Woche später begann der Maulwurf auch auf unserem Grundstück mit seiner Arbeit.

Maulwurfshügel erinnerten mich immer an das Bilderbuch von Grabowski, dem lieben Maulwurf. Aber bei aller Liebe gestand ich ihm nicht zu, dass er meinen gesamten Garten in eine Baustelle verwandelte. Also Gift? Nein! Eine Falle? Nein! Aber Buttermilch und Pfefferminzöl sollen Maulwürfe angeblich nicht mögen. Japanisches Pfefferminzöl hatten wir immer im Haus, mein Mann brauchte es öfter gegen Kopfschmerzen. Unsere Söhne Timo und Alex holten mit ihren Fahrrädern aus dem nahen Lebensmittelladen mehrere Liter Buttermilch. Zu viert trugen wir mit Schaufel und Spaten sehr vorsichtig die Erdhügel ab. Unter der aufgeworfenen Erde fanden wir meistens das offene Loch vom Ende des Mauswurfganges, manchmal aber auch nicht. Timo schüttete Buttermilch in einige Löcher, Alex stopfte in die anderen kleine Tücher, die mit Pfefferminzöl getränkt waren. Dann klopften wir darüber die Erde wieder fest.

Plötzlich kam mit freudigen Sprüngen Nachbars Hund Max zu uns rüber. Er tobte aufgeregt über unsere Wiese und schnüffelte an den Maulwurfshügeln. Hatschi, das war wohl ein Pfefferminzhügel. Der nächste Hügel roch besser, wahrscheinlich Buttermilch. Max schleckte etwas getränkte Erde. Gut, dass Max weiter durch unseren Garten lief. Das Getrampel mögen Maulwürfe nicht.

Wir waren zufrieden. Wir hatten es dem Maulwurf ungemütlich gemacht. Jetzt würde er wohl das Weite suchen. Tat er aber nicht. Am nächsten Morgen gab es drei weitere Erdhügel.

Was kann man denn sonst noch machen, um den Maulwurf zu vertreiben?

Spätes Abitur

Abitur. Endlich hielt ich das Abschlusszeugnis in den Händen. Schwer genug war es ja. Jeden Abend nach der Arbeit für drei bis vier Stunden zum Abendgymnasium. Ein Jahr musste ich unterbrechen, weil der Job mich zu sehr forderte. Es war nicht leicht, wieder den Anschluss zu finden. Die alten Freunde hatten weitergemacht und gingen jetzt in eine Klasse über mir. Irgendwie schaffte ich es aber doch. Nun, das war jetzt alles unwichtig. Jetzt war Jubeln angesagt und auch ein wenig Stolz. Im Auto drehte ich das Radio laut: Scott McKenzie – San Francisco. Auf der Anhöhe kurz hinter dem Ortsausgang hielt ich an. Hier stand eine alte verwitterte Bank – wegen der Aussicht. Ich setzte mich, streckte die Beine aus, legte die Arme auf die Rückenlehne und schaute ohne zu sehen.

Mindestens eine halbe Stunde. Dann setzte sich langsam das Bewusstsein durch. Was sollte ich jetzt machen? Studium? Ein anderer Beruf? Ich war verheiratet und hatte ein Kind. Das musste bedacht werden. Früher wollte ich gerne etwas studieren, das mit der Seefahrt zu tun hatte. Die Universitäten, die diese Studiengänge im Programm hatten, waren in Kiel, Hamburg und Bremen. Zu weit entfernt. Ich wohnte in Essen und dort waren mein Arbeitsplatz und meine Frau und mein Kind. Die Entscheidung war klar.

Erklärender Anhang: Es gibt eine Zeit für Jugendträume, aber wenn man eine Familie hat, fordert die Gegenwart Verantwortung und Fürsorge. Man kann neue Träume finden.

Die alte Mühle

Ein Wochenende im Frühling. Ich besuche meine Eltern und wandere auf ihren Spuren, je älter ich werde, umso lieber. Ich überquere den Bach und blicke auf das Tal, den Bachlauf mit den Weiden und den vielen Himmelschlüsselchen. Hier ist die Holzbrücke, von der meine Mutter damals die Tomaten ins Wasser geworfen hatte. Meine Eltern haben mir erzählt, dass sie ihr erstes Rendezvous an der alten Mühle hatten. Es sind noch fünf Minuten bis dorthin. Weißes Fachwerk, schwarze Balken, grüne Schlagläden. Im Näherkommen erkenne ich, dass sich das Mühlrad nicht dreht. Noch nie zuvor habe ich mir die Mühle von nahem angesehen. Man sieht ihr die Spuren von Wind, Wetter und Alter an. Das Fachwerk bröckelt an vielen Stellen. Ein kleines Emailleschild rechts von der Tür erklärt den Besuchern, dass dieses schon recht ramponierte Häuschen Denkmal geschützt ist. Hoffentlich gibt es noch jemand, der viel Liebe und viel Geld hat und dieses besondere, kleine Bauwerk rettet.

Auf jeden Fall ist die Bank vor der Mühle in einem deutlich besseren Zustand. Grün lackiert und ziemlich sauber, so dass ich mich auch mit meiner hellen Hose setzen kann, um die ersten Sonnenstrahlen im Frühling zu genießen.

Ein romantischer Ort für ein Rendezvous und hundert Mal schöner, als ein Café oder eine Disko.

Das Wäldchen

Hinter der Mühle liegt ein kleines Wäldchen, vorn eine Gruppe Fichten, direkt dahinter viele hohe Laubbäume. Die Mühle ist ein altes Fachwerkhäuschen, das bessere Zeiten gesehen hat. Sie ist heute nicht mehr bewohnt, war aber früher der Ort für die Rendezvous meiner Eltern.

Wieder einmal sitze ich nach einem Spaziergang auf der grüngestrichenen Bank rechts neben der Tür mit Blick zum Wäldchen. Kora, mein Hund, liegt entspannt unter der Bank. Sie sucht Schatten. Die Sonnenstrahlen zeigen schon viel von ihrer Kraft. Kora hebt den Kopf in den Wind. Hat sie den Hasen gewittert, der dort hinten über die Wiese hoppelt? Sie ist nicht angeleint, aber zum Jagen ist sie glücklicherweise zu faul.

„Hopp, Kora, wie wäre es mit einem Spaziergang?" Sofort steht sie da. Sie sieht die Leine in meiner Hand und versteht. Vor Freude springt sie ein Stück voraus. Mein Pfiff holt sie zurück. Wir wollen doch nicht den Hasen erschrecken. Über den grauen, steinigen Weg geht es in den Wald. Im Schatten der Bäume ist die Erde noch dunkel und feucht. Moose bedecken die alten Baumstümpfe. Wie grün gedeckte kleine Tische sehen sie aus. Ich rieche Waldmeister. Kein Wunder, im Unterholz finde ich Mengen dieser zarten Pflänzchen und pflücke zwei Sträuße, eins für mich, eins für meine Eltern. Es ist ja auch ein wenig ihr Wald. Ob sie hier wohl irgendwo ein Herz mit ihren Initialen eingeritzt haben? Ich schaue im Vorbeigehen links und rechts auf die Baumstämme, kann jedoch nichts entdecken.

Aber meine Eltern wahrscheinlich schon, wenn sie das nächste Mal im Wäldchen spazieren gehen.

Erklärender Anhang: Da die alte Mühle der Ort für die ersten Rendezvous meiner Eltern war, sind sie sicherlich in dem angrenzenden Wäldchen auch spazieren gegangen. Deshalb ist zu vermuten, dass sie nach Art der Liebespaare ein Herz mit Initialen in die Rinde eines dieser alten Bäume geritzt haben. Wenn ja, dann würden sie den Baum sicherlich heute noch finden.

Oma

Sie räkelt sich im Bett, streckt ihre Glieder – Aua! Die linke Schulter! Seit ein paar Monaten hat sie Schmerzen, besonders morgens. Sie setzt sich auf die Bettkante. Jetzt bloß nicht zu schnell, denkt sie. Langsam drückt sie das Kreuz durch. Wenn sie dabei mit beiden Händen hilft, geht es besser. Jetzt ein paar Schritte hin und her gehen – warmlaufen wie ein Auto. In der Küche macht sie sich etwas Wasser warm und trinkt langsam in kleinen Schlucken zwei Gläser. Die Chinesen machen das auch so, hat ihr Heilpraktiker gesagt. Und die müssen es ja wissen, ihre Gesundheitslehre ist ein paar Tausend Jahre alt. Wenn sie das Glas in der linken Hand hält, in der rechten hat sie die Zeitung, geht es besser. Der Ringfinger der rechten Hand ist etwas steif, besonders, wenn sie die Hand krümmt, um ein Glas oder eine Tasse zu halten. Die Zeitung blättert sie mit Daumen und Zeigefinger, darin ist sie geübt.

Etwas später, so gegen 11 Uhr, als alles durch das Wasser und durch das Herumlaufen geschmeidiger geworden ist, macht sie sich und ihrem Mann einen Kaffee. Das empfehlen die Chinesen eigentlich nicht, aber es ist eine so liebgewordene Gewohnheit. Die Bohnen werden frisch gemahlen, die Tülle der Kanne mit einem Wattebausch verschlossen, damit kein Aroma verloren geht. Schade nur, dass man dann den Kaffee nicht so gut riechen kann.

Sie verschwendet keinen Gedanken daran, dass sie sich früher besser bewegen konnte. Ihr Nachbar jammert ständig über sein Alter. Jammern hilft sowieso nicht!

Erklärender Anhang: Oma geht zu einem Arzt, der sich in traditioneller chinesischer Medizin auskennt. Er gibt ihr praktische Tipps, wie das Trinken von warmem Wasser, aber auch Tipps für eine gesündere Ernährung. Er hilft ihr, die natürlichen Selbstheilungskräfte zu wecken. Er hat gesagt: „Jedes Lebewesen trägt die Kraft zur Selbstheilung in sich."

Ordnung muss sein

Es gibt ordentliche Menschen und pedantische. Zu welcher Gruppe gehöre ich? Was sind die Kriterien? Und wo ziehe ich die Grenze?

Meine Oma sagt, Opa ist ein Pedant. Opa sagt von sich, Ich bin ordentlich. In seinem Kleiderschrank hängt ein handgeschriebenes Inhaltsverzeichnis:

Weiße Oberhemden	10
Hellblaue Oberhemden	4
Anzüge	5
Sakkos	4
Cordhosen	3
Strickwesten	3
Hüte	4
usw. …	

Alles fein säuberlich geschrieben, in Druckbuchstaben mit Füller, nicht mit Kugelschreiber. Ist das ordentlich oder pedantisch? Ich tendiere eindeutig zu Omas Meinung. Wir beide können viel zusammen lachen. Wenn Opa kommt, wird es ernst und sachlich. Vor zwei Monaten haben die beiden ihr Badezimmer renovieren lassen. Eine neue, ebenerdige Dusche, zwei Waschbecken, darüber ein großer Spiegel und eine geflieste Ablage. Praktisch zu nutzen für Creme, Parfümfläschchen, Zahnpasta und Zahnputzbecher. Oma links, Opa rechts.

Opas elektrische Zahnbürste brummt. Er unterbricht,

runzelt die Stirn, wie immer, wenn ihm etwas nicht gefällt: „Ist die Zahnpasta neu? Die ist ja richtig eklig.“ „Warum benutzt du denn meine teure Tagescreme? Du solltest lieber die billige Zahnpasta nehmen.“ Nicht immer kann Oma so locker mit Opas schlechter Laune umgehen.

Erklärender Anhang: Wenn Oma so pedantisch wäre wie Opa, hätte das so nicht geschehen können. Ihre Tagescreme stand irrtümlich auf der falschen Seite und nicht links über ihrem eigenen Waschbecken.

Tauwetter

Ein sonniger Wintertag. Nach frostigen Wochen setzt das Tauwetter ein. Meine Hausfrauenarbeit für den Morgen ist erledigt: Die Betten sind gemacht. Die Böden sind sauber. Das Badezimmer ist blank.

Der Nudelauflauf ist im Backofen und die ersten kleinen Bläschen steigen auf – aha, es gart. Nudelauflauf mit Schinkenstückchen, mit Sahne und Eiern verquirlt und Käse überbacken, extra für Timo, unseren Jüngsten. Der Duft aus dem Backofen zieht durch das ganze Haus. Jetzt habe ich frei, der Ofen erledigt alles allein.

12.45 Uhr. Timos Schulbus wird in etwa fünf Minuten ankommen. Es passt, ich hole ihn ab. Heute muss ich mich nicht so warm anziehen. Es ist vier Grad über Null. Mein Weg führt vorbei an Schüttlers Bauernhof. Auf der Weide sind noch einige Schneeberge. Zwei Islandponies schauen interessiert in meine Richtung. Die Platanen links und rechts des Weges recken ihre kahlen Äste in den Himmel.

Eigentlich müsste ich Timo und seinen Freund in der Ferne schon sehen. Ob der Bus heute Verspätung hat? Das kommt schon mal vor. Ich gehe am Tillbeck-Teich entlang, schaue hinüber und kann es nicht fassen. Nein. Timo und Patrick mitten auf dem Teich. Das Eis taut. Hoffentlich hält es noch ein paar Minuten!? Die Siebenjährigen sind ja nicht so schwer. Sie haben allerbeste Laune – und keine Ahnung, was passieren könnte. Ich gestikuliere ganz wild und unmissverständlich. Die beiden glücklichen Ahnungslosen reagieren und kommen lachend ans Ufer. Ich bin erleichtert.

Erklärender Anhang: Glücklicherweise hat das Eis auf dem See gehalten – trotz der hohen Temperaturen beim einsetzenden Tauwetter.

Übermut

Ferien. Meine Kusinen besuchten mich für ein paar Tage. Sie waren etwas älter als ich, deshalb brachten sie mir oft Kleidungsstücke mit, aus denen sie herausgewachsen waren. Manche Kinder freuen sich nicht, wenn sie Hosen, Röcke oder Schuhe „erben". Bei mir war das anders, denn meine Kusinen aus der Stadt waren immer sehr schick gekleidet. Sie kamen eben aus der Stadt und ich lebte auf dem Dorf. Dieses Mal gab es für mich zwei karierte Blusen, drei Sommerröcke, ein Paar Sandalen und einiges mehr. Tante Lilly und Onkel Waldi hatten die beiden Kusinen gebracht und waren nach dem Kaffeetrinken wieder nach Hause gefahren.

„Kommt, wir bringen alles nach oben." Wir drei Mädchen übernachteten nämlich hoch oben im Haus in zwei Mansarden, in der dritten wohnte mein Bruder. Nur ein Vorhang trennte dort oben den Wohnbereich vom Speicher. Doris versteckte sich schon hinter dem Vorhang. „Huhu, wenn dein Bruder gleich kommt, spielen wir Nachtgespenst." „Nein, nicht mit mir. Ich will zuerst meine Sachen anprobieren." Doris war mir eigentlich zu wild – und Doris hier oben auf dem Speicher fand ich fast schon ein wenig gruselig. Ich vor dem Spiegel, Doris hinter dem Vorhang, Margret hielt Ausschau an der Treppe. „Er kommt", zischte sie und verschwand auch hinter dem Vorhang. „Huhuuu, hihiii", Gekreische vor und hinter dem Vorhang, so wurde er empfangen. Der Besenstiel des einen Gespenstes verpasste ihm rechts an der Stirn eine Beule.

Ich gönnte es ihm, er hatte mich oft genug reingelegt. Außerdem machte es ihm nichts aus, er war hart im Nehmen. Mit der wilden Doris kam er klar.

Schon hatten meine Kusinen die nächste Idee: Schlittenfahren mit Matratze. Das ging so: Neben der Treppe, die zu den Mansarden führte, war eine etwa 40 cm breite, glatte Bahn. Ein Teil einer dreiteiligen Matratze war unser Schlitten. Er passte knapp auf diese Rutschbahn. Draufgesetzt und ab ging es. Der große Gummibaum auf dem unteren Treppenabsatz wackelte bedenklich. Schnell stellten wir ihn zur Seite, damit er nicht mehr störte. Weiter ging es. Autsch, Doris Lippe blutete ein bisschen. Macht nichts. Das brachte meinen Bruder allerdings auf eine Idee. „Ich klebe ein Pflaster auf meine Beule. Doris kriegt eins auf ihre Lippe und du …“

Jeder hatte mindestens zwei Pflaster irgendwo im Gesicht. So wollten wir Mutti einen Schreck einjagen. Wir rannten in die Küche. Waren wir zu gut gelaunt? Oder keine guten Schauspieler? Meine Mutter zeigte keine Spur von Schrecken, noch nicht einmal Mitleid. Sie lächelte. Wir waren durchschaut.

Wenn die Familie Urlaub macht

14 Matrosen

Elternabend in der 2b. Es geht hoch her. Wir diskutieren über den Umfang der Hausaufgaben. Zu viel oder zu wenig. Wir können uns nicht einigen. Aber um 22 Uhr ist Schluss. Wir unterhalten uns noch mit Reuters. Sie haben Zwillinge, genau wie wir. In einer Woche gibt es Ferien und wir wollen zusammen eine Segeltour machen. Jörg und Maria stehen in der Nähe. Sie haben mitgehört, worüber wir reden. „Das gefällt uns gut, können wir mitfahren?“ „Ja, gerne.“ Jörg und Maria sind nette Leute. „Ihr kommt mit Svenja, oder?“ Svenja ist ihre 8-jährige Tochter. „Ja, mit Svenja – und mit ihrer Freundin, wenn das geht. Die ist in den ersten beiden Ferienwochen bei uns.“

Drei Tage später ruft Jörg an: „Ich habe mit meinem Freund über die Segelreise gesprochen. Er würde gerne mitkommen zusammen mit seinem Sohn. Der ist sieben. Geht das?“

Es geht. Ist aber nicht ganz einfach. Unsere Segelyacht hat 10 Kojen und wir sind jetzt 14. Sieben Erwachsene und sieben Kinder. Da die Kinder sieben und acht Jahre alt sind, können sie zu zweit oder zu dritt in einer Koje schlafen. Machen sie auch. Mit viel Hurra und Geschrei. Die beiden Zwillingspaare schlafen zusammen im Vorschiff auf einer besonders breiten Doppelkoje. Es dauert lange, bis sie einschlafen. Die drei anderen hocken zusammen in einer sogenannten Lotsenkoje, das ist eine Koje, die hoch an der Bordwand angebracht ist. Sie hat ein gepolstertes

Brett, das man hochklappen kann, damit man bei Seegang nicht herausfällt. Wir sehen nur die Köpfe der drei, die über dieses Brett auf uns herabschauen. Sie bewegen sich lebhaft hin und her. Dort oben ist so wenig Platz, dass sie sich immer wieder den Kopf stoßen, aber Kinder sind hart im Nehmen, sie lachen nur.

Am nächsten Tag segeln wir los, von Laboe nach Eckernförde. Wir haben eine leichte Brise, die Kinder können sich frei an Deck bewegen. Ein Glück. Die Zwillinge besetzen das Vorschiff. Keiner darf sich ihnen über eine gedachte Linie hinaus nähern. Sie sind übrigens Black and White, zwei haben eine weiße Hautfarbe, zwei eine schwarze.

Dann geht es aber los: Nicht an der Leine ziehen, dann kommt das Segel von oben! Lass die Leine fest, sonst fällt der Fender ins Wasser! Nein, du darfst nicht auf den Mast klettern. Die Leine kannst du nicht nehmen, die brauchen wir gleich. So war es nicht verwunderlich, dass die Kinder uns nach ein paar Stunden fragten: „Wann sind wir denn endlich im Hafen?"

Erklärender Anhang: Die Erwachsenen hatten viel Spaß. Für sie war die Segelreise Abenteuer, Ruhe und Entspannung. Für die Kinder birgt so ein Schiff auch Gefahren. Wir mussten sie leider oft bremsen. Sie konnten ihren Bewegungsdrang nicht ausleben. Darum war ihnen der Hafen lieber. Dort konnten sie toben.

Französisch

Ein toller Campingplatz in Südfrankreich. Mein Mann hatte ihn im ADAC-Campingführer ausfindig gemacht. Direkt am Meer. Alex und Timo konnten mit ihrem aufblasbaren Plastikkrokodil vom Wohnmobil direkt zum Strand gehen. Wir entspannten uns in den Campingstühlen und schauten ihnen zu. Das Meer war flach bis weit hinaus. Außerdem hatten die beiden schon das „Seepferdchen", das heißt, sie konnten schwimmen. Zu zweit paddelten sie auf ihrem Krokodil. Platsch, Timo lag im Wasser, kurz darauf Alex. Beide kletterten wieder auf den Krokodilrücken. Ein dritter Junge, er schien ähnlich alt zu sein wie unsere Söhne, spielte mit. Vielleicht gefiel ihm das Krokodil. Rauf – runter – platsch – das Wasser spritzte. Sie gestikulierten, redeten. Worüber? Wir waren zu weit weg. „Toll, wie sie sich mit dem französischen Jungen verstehen", meinte mein Mann. Für Kinder sind unterschiedliche Sprachen kein Handicap. „Wie schön, wenn sie auf diese Weise etwas Französisch lernen." Erwartungsvoll lehnte ich mich zurück. Mein Mann kochte uns im Wohnmobil einen Espresso. Die alte vieleckige Aluminiumkanne funktionierte immer noch. War sie zehneckig oder zwölfeckig? Egal! Aus dem Küchenfenster zog der Kaffeeduft nach draußen. Das Espressotrinken war für uns fast Kult. „Hallo Mami, Papi, wir haben einen neuen Freund", riefen unsere Jungen uns entgegen. Der Freund kam mit. Sie trugen das Luftmatratzenkrokodil zu dritt. Mit meinem aufgefrischten, schlechten Französisch versuchte ich eine Begrüßung. „Das ist Nils“, sagte Alex, „er kommt aus Dortmund. Kannst ruhig deutsch mit ihm reden. Das versteht er besser.“

Erklärender Anhang: Wir hatten uns geirrt. Da wir in Frankreich Urlaub machten, waren wir davon ausgegangen, dass unsere Kinder mit einem französischen Jungen spielten. Es war aber ein deutsches Kind. Also gab es keine Verständigung in verschiedenen Sprachen. Doch kein frühes Französisch für unsere Jungen.

Lago

Ob das wohl gut gehen würde? Der erste Urlaub mit unseren Söhnen, vier und sechs Jahre alt, im Hotel. Im Hotel! Vorher gab es bei uns nur Urlaube mit dem Zelt, kindgerecht wegen der legeren Freiheit.

Ein Sonderangebot in der Zeitung hatte uns verführt: Hotel mit parkähnlicher, großzügiger Gartenanlage am Ufer des Lago Maggiore. Unsere Jungen waren doch gut erzogen, oder? Wir waren zuversichtlich. Mussten wir auch sein, wir hatten schon gebucht. Die Koffer wurden gepackt. Dieses Mal etwas anders, wir brauchten auch gute Sachen für das Hotel.

Es war nett, das Haus. Ein riesiger Garten mit traumhaften Hortensien. Die Kinder konnten sich frei bewegen. Sie freundeten sich gleich mit zwei italienischen Jungen an, Toni und Ricardo. Unser Ältester lernte sogar schwimmen im See – ohne Schwimmflügel. Ein toller Erfolg.

Am Abend gab es Spaghetti, was sonst. Von ein paar roten Tupfen auf den weißen Kinderhemden abgesehen, klappte das auch ganz gut. Die Tischnachbarn erkundigten sich nach dem Schwimmerfolg des Großen und freuten sich mit ihm. Er stand im Mittelpunkt. Genau das wollte Timo, der Jüngere, aber auch. Er startete einen Gegenangriff. „Wir waren mit dem Kindergarten im Tierpark", erzählte er laut. „Da haben wir ganz viele Tiere gesehen. Und eins heißt Lama, das konnte richtig gut spucken. Guck mal, so." Er stand auf, machte zwei Schritte in den

Gang zwischen den Tischen und bevor einer von uns reagieren konnte, war es geschehen.

Erklärender Anhang: Timo spuckte wirklich wie ein Lama auf den Boden. Glücklicherweise waren wir in einem Land, das Kindern viel erlaubt. Eine freundlich lächelnde Bedienung wischte den kleinen Fleck vom Boden. „Bravo, ragazzo!" Bei den anderen Gästen löste Timos Lama Imitation sowieso nur Heiterkeit aus.

Lass das!

„Timo, wenn man die Luftmatratze über den Kiesweg zieht, geht sie kaputt", warne ich. Timo schaut mich mit seinen dunklen Kulleraugen an. Die Botschaft ist angekommen, denke ich. Aber nur für zehn Sekunden. Kaum habe ich ihm den Rücken gekehrt, schleift er die Luftmatratze wieder über unseren Kiesweg. Er hat viel Ähnlichkeit mit Astrid Lindgrens Michel von Lönneberga. Manchmal bedaure ich, dass wir keinen Schuppen haben, in dem Timo so wie Michel für jede Schandtat eine Holzfigur schnitzen muss. „Timo, lass das!" „Timo, komm doch endlich!" „Lass den Unsinn!" So geht das den ganzen Tag lang weiter. Jeden Tag. Timo kann so richtig nerven.

„Timo, heute wollen wir essen gehen. Sei ein braver Junge. Du kannst ja schon gut mit Messer und Gabel umgehen." Wir sind in Italien mit dem Wohnmobil und haben keine Lust zu kochen. Wir gehen den Fußweg hinab, der vom Campingplatz ins Stadtzentrum führt. Mitten in der Fußgängerzone liegt ein nettes Restaurant. Im Westen ziehen ein paar Wolken auf. Das Wetter wird doch halten?

Es gibt Tomatencremesuppe als Vorspeise. „Guck mal, mit der Gabel kann man sie gar nicht essen." Timo will etwas mehr Aufmerksamkeit. „Mensch, lass den Blödsinn, das weiß doch jeder." Ich denke wieder an Michel von Lönneberga und den Schuppen. „Schneiden kann man sie auch nicht." Timo ist noch nicht fertig. Meine Freundin hatte mich neulich getröstet: „Das wächst sich aus." Hoffentlich wächst er schnell, denke ich. Timo ist jetzt ruhig, wahrscheinlich fällt ihm nichts mehr ein. Vielleicht liegt es auch daran, dass mein Mann mit Timo redet. Er fragt ihn nach dem Schlauchboot, das wir am Strand gesehen haben, und lenkt ihn so von seinen Mätzchen ab.

Das weitere Essen verläuft jedenfalls unproblematisch. Wir verlassen das Lokal und gehen durch die Fußgängerzone zurück Richtung Campingplatz. Rums! Timo hatte im Vorbeigehen mit seiner Faust gegen einen Getränkeautomat geschlagen, einfach so. Wir gehen weiter, tun so, als ginge es uns nichts an. Da scheppert es im Automat. „Guck mal, eine Dose Fanta – ohne Geld."

Ein Sonntagstreffer. „Er hat es verdient", denkt mein Mann, „vielleicht braucht er mehr Beachtung."

Erklärender Anhang: Kinder „bitten" manchmal auf besondere Art um Beachtung. Sie entwickeln ein System sich mitzuteilen, so wie sie es können – und es liegt an uns, das richtig zu verstehen.

Paris

Drei Tage allein zu Hause. So richtig gut gefiel das meinem Vater nicht, obwohl Szegediner Gulasch vorgekocht im Kühlschrank stand. Aber er konnte sich damit arrangieren. Meine Mutter und ich fuhren nach Paris. Paris! Wie schön! Der Weg dorthin aber nicht so sehr. Wir fuhren mit dem Bus. Der Busfahrer machte Scherze, über die meine Mutter und ich nicht lachen konnten, über seinen Musikgeschmack schon. Am späten Nachmittag standen wir kurz vor Paris im Stau. „Wir bringen Sie gleich zu Ihren Hotels – und holen Sie um 20.00 Uhr am vereinbarten Treffpunkt zur Stadtrundfahrt ab – wenn Sie Glück haben, hahaha." Das war wieder einer seiner Scherze, über die wir nicht lachen konnten. „In dieser Straße ist das Hotel für …" Dann werden die Namen vorgelesen. Wir waren dabei. Endlich!

Aber so richtig gut sah das nicht aus. Das sollte ein Hotel sein? Ein Altbau – er sah aus, wie ein uraltes Reihenhaus. Rote kaputte Ziegel, dunkle Fenster, enger Eingang, schummriges Licht über einer kleinen Theke, die man als Rezeption kaum erkennen konnte. Über eine enge, knarrende Holztreppe kämpften wir uns mit unseren Koffern hinauf in den zweiten Stock. „Schaffst du es?", fragte ich meine Mutter. Im Zimmer war es so eng, dass wir zu zweit mit den Koffern die größte Mühe hatten. Riesige Blüten lachten uns von den geschmacklosen Tapeten an. Oder lachten sie uns aus? Ein kleines Fenster, eingerahmt von alten, braunen Samtgardinen, ließ ein wenig Licht hereinschimmern. Wir schauten uns an. Grinsten. Müde von der Busfahrt, geschafft vom Treppensteigen, ließen wir uns auf die Betten fallen. Auf ausgeleierten Matratzen und unter riesigen Federbetten versanken wir so tief, dass wir uns gegenseitig kaum noch sehen konnten.

„Paris habe ich mir eigentlich anders vorgestellt“, meinte meine Mutter. „Ich auch. Wenn das Vati wüsste!“

Zwölf Stunden unterwegs

Die Fahrt war doch recht lang. Mein Mann, ein Autofahrer mit Durchhaltevermögen, war die ganze Strecke bis ans Mittelmeer allein gefahren. Unseren Söhnen, fünf und sieben Jahre alt, hatten wir hinten im Kombi ein Lager bereitet. Gut gepolstert mit unseren Reisetaschen und ein paar Decken konnten sie während der Fahrt ruhen. Ich versorgte alle mit Salamibrötchen, Käseschnitten, Obst und Mineralwasser. Ab und zu genossen wir einen Schluck heißen Kaffee mit Zucker und Milch aus einer Thermosflasche. Das Aroma allein hielt uns schon wach. Unsere Kinder hingegen fanden Gummibärchen und Kekse viel besser.

Inzwischen fuhren wir auf der Küstenstraße zwischen Forte und La Spezia. Der Tag ging zur Neige. Die braungebrannten Marios und Antonios räumten die Liegestühle und Sonnenschirme aus dem Sand in ihre Strandkabinen. Eine gute Gelegenheit für uns, den Sonnenuntergang am leeren Strand zu genießen. „Da vorn rechts, vor dem Fiat, ist ein Parkplatz frei", rief ich. Während wir die Autotüren schlossen, rannten unsere Jungen zum Meer. Der bei der langen Autofahrt aufgestaute Bewegungsdrang entlud sich in wilden Spielen und großem Geschrei. Sie entdeckten ein Spiel mit dem Meer. Wenn die Wellen sich vom Ufer zurückzogen, folgten sie ihnen hinaus. Dann rannten sie schreiend vor der Welle zurück zum Strand, als wäre die Welle ein gefährlicher Verfolger. Und das Spiel ging wieder von vorne los. Ein ewiges Hin und Her. Die Jungen wurden nicht müde. Wir auch nicht. Das Zuschauen machte so viel Spaß, dass ich schon überlegte, mitzumachen. Dann war plötzlich eine Welle schneller als die beiden. Voll erwischt.

Es wurde auch Zeit zum Weiterfahren. Es war nicht mehr weit.

Heimfahrt

Unser Urlaub war zu Ende. Nach drei Wochen Österreich waren wir nun mit unserem Wohnmobil auf der Heimfahrt. Die Kinder saßen hinten und spielten Mau Mau. „Das ist ungerecht“, maulte Jan, „du hast immer eine 7 und ich nicht.“ Meine Frau machte mir einen Kaffee.

Irgendwo zwischen Worms und Mainz stotterte plötzlich der Motor. Der Wagen ruckte. Vor Schreck verschüttete ich etwas Kaffee auf meiner Hose. Schade um die Hose, aber das Auto ist wichtiger. Der Motor hörte auf zu laufen. Ich ließ den Wagen ausrollen und kam auf dem Seitenstreifen zum Stehen. Was war los? Motorschaden? Nein, viel einfacher, die Tankanzeige sagte mir, was los war: kein Benzin. Ich hatte vergessen rechtzeitig zu tanken. Na gut, raus aus dem Auto, Reservekanister aus dem Staufach holen und nachfüllen.

Er war leer. Ich atmete tief durch. Meine Frau sagte nichts, das war auch gut so. Eine Tankstelle war weit und breit nicht zu sehen. Na, dachte ich mir, ich kann ja erst einmal den Rest Kaffee trinken, der noch in der Tasse war. Dann nahm ich den Reservekanister und stellte mich an die Straße, in der Hoffnung, dass ein freundlicher Autofahrer uns helfen würde. Wir standen allerdings an einer Schnellstraße. Niemand hatte Lust anzuhalten. Es war schon fast eine halbe Stunde vergangen. Ich stand nur deshalb noch an der Straße, weil ich nicht wusste, was ich sonst machen sollte. Meine Kinder spielten immer noch Mau Mau. Am liebsten hätte ich mitgespielt. Auf einmal hielt ein Auto an. Ich konnte mein Glück kaum fassen und rannte hin. Ein Türke. „Was ist los?“ „Kann ich helfen?“ Er hatte keinen Reservekanister im Auto. Nun ja, er hatte mir kein Benzin gebracht, aber neuen Mut. Das konnte man mir wahrscheinlich ansehen, denn drei Minuten später hielt der nächste Wagen. Wieder ein Ausländer, vielleicht aus Nordafrika, dachte ich. Aber auch er hatte keinen Reservekanister. Was sollte ich machen? Meine Kinder spielten inzwischen Mensch-ärgere-dich-nicht mit meiner Frau. Während der Fahrt ging das nicht. Bei dem Geschaukel im Auto fielen immer die Figuren um. Nach weiteren 15 Minuten stoppte der nächste Wagen, dieses Mal wieder ein Türke. Natürlich ohne Kanister. Aber er bot mir an, mit meinem zur nächsten Tankstelle zu fahren. Nach zehn Minuten war er immer noch nicht zurück. „Der Kanister ist weg“, dachte ich. Na toll, kein Benzin und auch keine Möglichkeit mehr, vielleicht zu Fuß etwas zu holen. Aber da kam er. „Entschuldigung“, dachte ich leise für mich, bedankte mich und füllte den Kraftstoff in den Tank. Endlich ging es weiter. Die Kinder waren nicht zufrieden. Sie hatten ihr Spiel noch nicht beendet.

„Warum haben drei Ausländer angehalten und kein Deutscher?“, fragte meine Frau.

Erklärender Anhang: Die Kinder hatten die Erfahrung gemacht, dass während der Fahrt die Spielfiguren von Mensch-ärgere-dich-nicht umfallen. Deshalb wünschten sie sich, dass wir mit dem Auto noch länger stehen blieben.

Winterurlaub

Wer im Dezember in die Berge fährt, hat die Ski dabei oder wenigstens einen Schlitten. Wir nicht. Wir hatten zwei Umzugskartons voll mit Legosteinen im Kofferraum. Meine Söhne und ich waren große Baumeister und jetzt hatten wir viel Zeit. An der deutsch-schweizerischen Grenze ging es schnell, aber hinter Zürich mussten wir über enge Straßen in die Berge. Es lag Schnee, viel Schnee. Die Straße schlängelte sich durch die Winterlandschaft. Hinter der letzten Steigung bogen wir rechts ab und sahen unser kleines Dorf im Tal liegen. Die Sonne brach durch die Wolken und das Abendlicht tauchte die Häuser in warme Farben.

Und dort war auch unsere kleine Ferienwohnung. Hier lag der Schnee wohl einen Meter hoch. Am liebsten hätten meine Söhne und ich sofort die zwei Kisten mit den Bausteinen ausgepackt, aber der Parkplatz war zugeschneit. Nur vorne neben dem Eingang war etwas frei. Also schaufelten wir Schnee. Jens, mein Jüngster wollte nicht. „Kinderarbeit ist nicht erlaubt“, protestierte er. Nach einer halben Stunde waren wir aber fertig. Jetzt hielt uns nichts mehr. Rauf aufs Zimmer, Jacken und Schuhe aus und die Kartons mit den Bausteinen ausschütten. Wir hatten keinen festen Plan, hatten wir nie. Jeder baute drauflos, so wie es ihm gerade einfiel. Alles andere ergab sich von allein. Ich baute ein Haus und versuchte es wie eine Villa aussehen zu lassen. Gelang mir aber nicht so richtig. Es fehlten einige Spezialsteine oder vielleicht auch doch etwas mehr Bauerfahrung. Jens wollte kein Haus. Er gestaltete ein Gelände mit einer Mauer außen herum und mit einem großen Tor. So eine Mischung aus Garagenhof einer Baufirma, Ritterburg und Bauernhof. An zwei Stellen hatten die Mauern Wachtürme mit Zinnen obendrauf. Jede Menge Fahrzeuge hatte er auch. Am hinteren Ende seines Grundstückes verlief ein kleiner Fluss. Dort entstand ein Anlegesteg für ein Schlauchboot. Uns fehlten weiße Spezialsteine, sonst hätten wir eine Schneelandschaft entstehen lassen.

Irgendwann gingen wir schlafen und träumten von einer Schlittenfahrt zu einem einsam gelegenen Bauernhof, von einer verschneiten Ritterburg, die wir freischaufeln mussten, und das Schlauchboot war im Eis festgefroren.

Familienfeste

Aufgeregt?

Oktober – ich habe Geburtstag, es ist ein runder. Alle Kinder werden kommen. Schon Tage vorher freuen wir uns auf das Wiedersehen. 70 Jahre werde ich und dieses Mal bin ich aufgeregter als sonst. Das Alter macht mich zunehmend nervös vor solchen Tagen.

Das weiß meine Tochter genau, deshalb kommt sie schon einen Tag vorher und hilft mir bei den Vorbereitungen. „Gut, dass du da bist, Kind", freue ich mich, wohl wissend, dass mein Kind schon 40 ist. Wir sind ein gutes Team, auch deshalb, weil sie eine kleine Portion meiner Aufgeregtheit übernimmt. Und da Aktivität, wohldosiert für meine 70 Jahre, gegen Aufgeregt-Sein hilft, machen wir uns jetzt an die Arbeit. „Vier oder drei Eier für den Nusskuchen?" „Wo sind die gemahlenen Nüsse?" „Hier ist der Bräter." „Bitte einen Schuss Rotwein für die geschmorten Zwiebeln und vielleicht auch jetzt einen Schluck für mich."

Kuchen backen, Braten vorbereiten, gemeinsam macht es Spaß. Es ist fast Mitternacht, als wir endlich zu Bett gehen. Meine Tochter schläft über mir im Dachgeschoss. Die Geräusche von oben – ich höre eine Tür, das Wasser läuft, ein Stuhl wird verschoben – das alles ist beruhigend. Ich bin nicht allein im Haus. Seit mein Mann vor ein paar Jahren gestorben ist, schlafe ich nicht mehr gut. Das große Haus, die Kinder wohnen weit weg in Recklinghausen und München. Ich will mich nicht beklagen, mir geht es gut, doch zum Schlafen nehme ich manchmal ein Medikament. So, jetzt aber genug. Gute Nacht.

Die Arbeit und vor allem auch die Gemeinsamkeit mit meiner Tochter haben mich besser schlafen lassen als erwartet. Gelassen erledigen wir die restlichen Vorbereitungen, bis am frühen Nachmittag nach und nach alle eintreffen. Endlich sind wir vollständig: drei Kinder, drei Schwiegerkinder und vier Enkelkinder. Ich bin glücklich – nur meine Tochter nicht. Ihr Mann kommt natürlich allein mit den Zwillingen. Schon bei der Begrüßung fragt sie ihn: „Wo sind eure weißen Hemden?" „Und die Blockflöten und Notenblätter?" „Habt ihr ‚Die güldene Sonne' noch einmal geübt?" Ich nehme die Hand meiner Tochter: „Bist du etwa nervös? Du bist doch noch nicht 70."

Erklärender Anhang: Die Tochter weiß um die Nervosität ihrer 70-jährigen Mutter an diesem besonderen Geburtstag. Deshalb hilft sie und beruhigt. Ihre Mutter wiederum erfasst die Spannung ihrer Tochter und besänftigt sie jetzt ihrerseits, jedoch mit einer ironischen Anspielung auf das Alter.

Der Christbaumständer

Es ist Mittag am Heiligen Abend. Die Geschäfte haben geschlossen. Die Vanillesoße steht schon im Kühlschrank, der Apfelkuchen gart im Backofen. Am Nachmittag will meine Schwägerin mit ihrem Sohn kommen, wie jedes Jahr. Meine Beiträge für das Fest sind vorbereitet: die Geschenke, der Kuchen und die Entenbrustfilets für das Abendessen. Aber mein Mann und die Jungen. Wo bleiben sie nur? Sie kaufen den Baum immer spät. Mein Mann handelt gerne, natürlich um einen günstigen Preis zu erzielen. Irgendwie ist das ein sportlicher Ehrgeiz, den ich nicht verstehe. Draußen Poltern und Rufen. Sie stapfen mit einem zwei bis drei Meter langen Baum im Plastiknetz ins Wohnzimmer. „Netz ab!“ – „Pass auf der Zweig!“ – „Den Stamm müssen wir aber anspitzen!“ – Eine gewisse Hektik liegt in der Luft. Es ist ja auch schon spät. In solchen Situationen ist Distanz angeraten. Ich gehe in die Küche und schließe die Türe hinter mir. Das schaffen sie schon.

Plötzlich ein Krachen und Scheppern. Ich schaue nach. Da steht Timo und hält mit beiden Händen den Baum. Unter ihm am Boden liegen die Teile des zerbrochenen grünen Keramik-Christbaumständers. „Wir können keinen Neuen mehr kaufen. Die Geschäfte sind doch schon zu“, bemerkt er richtig. „Egal“, sagt mein Mann, „wir kriegen das schon hin.“ In Timos Gesicht wandelt sich Entsetzen zu einem Grinsen. „Wir sind doch eine kreative Familie, wir werden schon eine Lösung finden.“

Der Baum steht gerade und stabil, festlich geschmückt, als unser Besuch kommt. Ein Eimer voller dicker Steine aus dem Garten ist von jetzt an jedes Jahr unser Christbaumständer. In ein dunkelgrünes Tuch gehüllt kann niemand unseren Eimer erkennen.

Der Wunsch

Am Sonntag brannte schon die erste Kerze am Adventskranz. Das Küchenfenster war beklebt mit Basteleien aus dem Kindergarten. In diesem Jahr hatte ich schon früh die Weihnachtsgeschenke besorgt. Für meinen Mann Bücher ohne Ende. Für den Ältesten eine Querflöte und ein paar Spielsachen. Alles war gut unter Verschluss in meinem Kleiderschrank. Timo, der Jüngste, bekam das lang ersehnte Klavier. Gebraucht. Es stand noch beim Verkäufer. Es sollte ja schließlich eine Überraschung werden.

Heute ist Nikolaus Abend. Ein Nachbar hat sich bereit erklärt der Nikolaus zu sein. Das goldene Buch habe ich vorbereitet. Es enthält ein paar Schandtaten unserer Söhne aber auch mindestens genauso viel Gutes. Für den Sack habe ich Kleinigkeiten besorgt: Kartenspiele, zwei Zauberwürfel, Marzipan, Printen und Nüsse. Zu Nikolaus gibt es bei uns nicht viel.

Da poltert es vor der Tür. Lautes Klopfen. Die Kinder erschrecken. Mit schweren Schritten kommt der Nikolaus herein. Nach der Begrüßung nimmt er das goldene Buch: „Ihr habt einmal Gummibärchen aus dem Schrank stibitzt." Die Wangen glühen. „Aber eurer Mama helft ihr beim Spülen, dem Papa beim Autowaschen." Die Kinder entspannen sich und werden neugierig, als der Nikolaus den Sack vom Rücken nimmt. „Was denkt ihr denn, was ich in diesem Sack habe?", eröffnet er ein Ratespiel. Das ist unserem Jüngsten ganz recht: „Bestimmt ein Klavier für mich."

Erklärender Anhang: Der Wunsch nach einem Klavier war bei unserem jüngeren Sohn so stark, dass er nicht mehr überlegen konnte, wie ein Klavier in diesen Nikolaussack passen sollte. Seine gespannte Erwartung siegte über die Logik.

Ostern

Ostern – wieder einmal treffen wir uns im Haus meiner Eltern. Meine beiden Brüder bringen ihre Familien mit. Ich bin immer noch Single. Inzwischen suchen schon drei Enkelkinder im Garten die Ostereier. Ostern ist dieses Jahr früh, wir haben alle noch Mäntel und Jacken an, aber die Sonne blinzelt zwischen den Wolken hindurch. Nach dem Eiersuchen gehen wir alle gerne ins Warme. Meine Mutter hat die Wohnung dekoriert. An Weidenzweigen hängen die ausgeblasenen Eier, die wir vor Jahren einmal verziert haben. Auf dem Tisch sitzt ein Porzellanhase und bewacht eine bunte Reihe kleiner Stoffküken. Ostereikerzen aus Wachs, in diesem Jahr das Neueste auf dem Markt, schmücken den Kaminsims. Die Kinder wärmen sich mit einem heißen Kakao auf, wir Erwachsenen trinken ein Glas Sekt. Vielleicht wird uns auch wärmer.

„Kommt, wir machen Eierwerfen!" Das ist die Idee meines ältesten Bruders. Die Kinder sind sofort dabei. Ich zögere noch, da es draußen so kalt ist. Beim Eierwerfen geht es darum, ein gefärbtes Hühnerei auf der Wiese möglichst weit zu werfen, ohne dass es beschädigt wird. Die kaputten werden immer sofort gegessen. Also los! Jeder hat sich ein vermeintlich gutes und hoffentlich sehr haltbares Ei ausgesucht.

- Erste Runde: Jeder hat geworfen – ich bin raus – mein Bruder ist Sieger.

- Zweite Runde: Jeder hat geworfen – Florian ist raus – mein Bruder ist Sieger.
- Dritte Runde: Jeder hat geworfen – das rote Ei meiner Mutter hat nicht durchgehalten – es wird gegessen – mein Bruder ist schon wieder Sieger!?

„Hallo, du Glückskerl. Zeig mir mal dein Superei!" Ich habe einen Verdacht. Tatsächlich! Ich finde in seiner Hand eine Eierkerze aus Wachs.

Erklärender Anhang: Auf dem Kaminsims im Wohnzimmer fehlte diese hellblaue Eierkerze. Mein Bruder hat uns an der Nase herumgeführt. Die Eierkerze ging beim Werfen natürlich nicht kaputt, deshalb konnte er so souverän gewinnen.

Vatis Geburtstag

Zu diesem Anlass kamen die Tanten mit männlicher Verstärkung, aber nur weil der Geburtstag auf einen Samstag fiel. Tante Else kam mit Onkel Heinrich, der am rechten Bein eine knarrende Prothese trug. Tante Helene wurde von Onkel Ewald begleitet. Er hinkte, aber nicht als Folge des Krieges. Wegen einer Kinderlähmung war ein Bein kürzer als das andere. Trotzdem war er stets guter Dinge. Offensichtlich konnte er sein körperliches Handicap als glücklichen Ausgang dieser gefährlichen Krankheit betrachten. Jedes Mal erzählte er Witze:

„Beim Fußball tritt der Elefant auf die Maus. ‚Oh, entschuldige vielmals'. ‚Macht nichts', sagt die Maus, ‚Hätte mir ja auch passieren können'."

Tante Helene lachte nie über seine Witze. Tante Anna und Onkel Walter kamen eine Stunde später. Onkel Walter war Unternehmer und hatte immer wenig Zeit. Er rauchte dicke Zigarren und noch Tage nach seinem Besuch stank es in unserem Wohnzimmer, obwohl meine Mutter mehrfach lüftete. „Dieser Mief. Gut, dass du keine Zigarren rauchst", lobte sie meinen Vater.

Der Kaffee war stark, der Kuchen gut, die Tortenplatten ziemlich leer. Alle gingen ins Wohnzimmer und setzten sich in die gemütlichen Sessel. Die Damen holten ihre Handarbeiten, Onkel Walter seine dicke Havanna. Er löste die Papierbanderole, zündete die Zigarre an und entließ wohlgeformte, stinkende Wolken in unsere Wohnzimmerluft. Onkel Ewald begann den nächsten Witz: „Traf eine

Schnecke einen …" Nicht nur Tante Helene war froh, dass meine Mutter ihn unterbrach: „Das Kind könnte doch jetzt mal ein Geburtstagsständchen spielen auf diesem neuen Instrument." Das neue Instrument war ein Keyboard und das Kind war Sylvia, die siebenjährige Tochter meines Bruders. Alles ging schnell, Sylvia war selbstbewusst und spielte gerne zu solchen Anlässen. Im Eiltempo baute mein Bruder den Ständer auf – Keyboard drauf – und rums – lag alles auf dem Boden.

„Gut, dass dir das passiert ist, Papi!", freute sich Sylvia. „Ich dachte, du wolltest auf dem Boden spielen", antwortete ihr Vater.

Verspätung

Mein Bruder wird 20. Zu diesem Anlass ist eine große Party geplant. Da es Sommer ist, wird es eine Gartenparty. Am Himmel sind ein paar dunkle Wolken, hoffentlich gibt es keinen Regen. Einige kommen früher und helfen. Heidi und Ingrid kümmern sich um die Girlanden, Servietten, Besteck und Geschirr – und die Gläser. Christian und Udo bringen ihr Lieblingsgetränk mit, ein Fässchen Bier. „Das muss aber noch auf Eis gekühlt werden, wir haben etwas mitgebracht." Dieter bereitet den Grillplatz vor. Wir hatten nach dem letzten Grillen vergessen, den Rost zu reinigen. Vielleicht hatten wir auch keine Lust. Ich nehme Ako-Pads und lege los. Mann, das geht vielleicht schwer. Den Grill sollte man in Zukunft doch sofort säubern.

Zehn vor fünf! Ich erschrecke mich. Um halb fünf sollte ich unseren Cousin Bernd vom Bahnhof abholen. Schon 20 Minuten zu spät. Hände säubern, Autoschlüssel holen und los – vielleicht etwas schneller als die Polizei erlaubt. Bernd studiert in Köln und liebt solche Feste. Als ich am Bahnhof ankomme, bin ich schon 30 Minuten später als verabredet. Ein kleines Mäuerchen begrenzt an der rechten Seite den Bahnhofsvorplatz. Dort sitzt Bernd, links seine Reisetasche, auf der anderen Seite ein gut aussehendes, dunkelhaariges Mädchen. „Tschüss Gilla", verabschiedet er sich, „bis Dienstag, 18 Uhr." „Wer ist das?", frage ich ihn. „Habe ich im Zug kennengelernt. Sehr nett", schwärmt er.

Vielleicht war ich sogar zu früh erschienen.

Erklärender Anhang: Eigentlich macht Warten schlechte Laune, aber Bernd hat es nicht so empfunden. Er wäre gern noch länger geblieben. Ich hätte ihn vermutlich noch später abholen können.

Die liebe Verwandtschaft

Der Pekinese

„Hast du die Hausaufgaben fertig?" „Jaah." „Zieh dir schnell deine guten Sachen an."

Auf ging es im Eiltempo zum Bahnhof. Der rote Triebwagen brachte uns nach Neunkirchen. Tante Anna hatte Geburtstag. Wir aßen nach einem saarländischen Rezept selbstgebackenes Kartoffelbrot. Doris, die Tochter von Tante Anna, hatte die Zuckerkrankheit, darum gab es leider keine Torten. Tante Annas kleiner Hund, ein Pekinese, begrüßte uns wild und laut bellend. Wie konnte so ein kleiner Westentaschenhund so laut sein?

„Hör doch auf! Stell dich nicht so an, Schnauzi!" Schnauzi dachte gar nicht daran aufzuhören. Er sprang an uns hoch und kläffte weiter, eher noch lauter als vorher. Ich mochte Hunde, aber Schnauzi war nicht mein Fall. Wir versuchten, ihn nicht zu beachten, was wirklich nicht leicht war. Nach einer Weile legte sich Schnauzi unter den Esszimmertisch. Tante Anna war erleichtert. Wir auch.

Die Erwachsenen tranken Kaffee, die Kinder Tee. Leider keinen Kakao wegen Doris und ihrer Zuckerkrankheit. Wir unterhielten uns kreuz und quer über den Tisch, es wurde lauter, wir lachten. Plötzlich schrie meine Mutter auf. Im selben Moment lachte sie jedoch schon wieder und schaute auf ihren rechten Fuß. Sie zog den Schuh aus. Nun sahen es alle: zwei klitzekleine Löcher im eierschalenfarbenen, weichen Leder. „Du böser Schnauzi", schimpfte sie mit dem Pekinesen unter dem Tisch.

Erklärender Anhang: Der Hund hatte unter dem Tisch gelegen. Als die Unterhaltung lauter wurde, hat er sich vermutlich erschrocken. Wahrscheinlich hat meine Mutter ihre Füße bewegt, was ausreichte, um den ängstlichen Hund zubeißen zu lassen. Das Ergebnis waren die kleinen Löcher im Schuh – zum Glück nicht im Fuß.

Durchschaut

Der Tisch war gedeckt. Die Sahne noch im Kühlschrank. Die Kaffeemaschine gab bekannte Geräusche von sich und das Aroma verteilte sich im Haus. Es klingelte. „Ich machte auf." Da standen sie, meine vier Tanten, die in regelmäßigen Abständen zum Kaffeeklatsch kamen. „Für dich." „Vielen Dank, die esse ich gerne." Es waren hauchdünne Täfelchen aus Vollmilchschokolade. Wir setzten uns und aßen Bienenstich und Kirschkuchen mit Sahne. „Eine Tasse Kaffee, höchstens zwei, sonst kann ich nicht schlafen." Darin waren sich alle einig.

Nach dem Kaffeetrinken begannen die Tanten zu handarbeiten. Tante Helene stickte ein geblümtes Gobelinkissen. „Hast du noch etwas rotes Stickgarn für mich?", wollte Tante Anna wissen. Sie stickte auch Gobelin, jedoch für ein Barocksesselchen. Tante Else und meine Mutter umhäkelten mit hauchdünnem Garn feine, weiße Batist-Taschentücher.

Die können handarbeiten! Und ich kämpfte in der Schule mit zwei Leinenstoffen, die ich mit Perlgarn zusammensticken musste. Da kam mir eine Idee: Meine Tanten könnten doch ... „Gib mal her!" Tante Anna nahm die Leinenstoffe, Sticknadel und Perlgarn. Mit ihren geschickten Händen setzte sie meine begonnene unregelmäßige Stickerei fort. Unfassbar schnell. Unfassbar akkurat. Und es machte ihr sogar noch Spaß – unfassbar. Mir machte es Spaß, die fertige Arbeit endlich meiner Handarbeitslehrerin vorzulegen. Meine Tante erhielt von meiner Lehrerin leider dafür eine Vier. Ich war durchschaut.

Erklärender Anhang: Meine Handarbeitslehrerin kannte meine Fertigkeiten genau – besser gesagt, meine Unfertigkeiten in diesem Fach. Natürlich wusste sie sofort, dass diese akkurate Arbeit nicht von mir stammen konnte. Deshalb erhielt ich doch nur eine Vier.

Der Ausflug

„Der Kartoffelsalat und die Würstchen sind schon im Picknickkorb." „Das Besteck und die Teller auch?" „Jaaa!" Alles war fertig. Beide Autos auch. Mein Vater und meine Mutter saßen vorne, mein Bruder und ich auf der Rückbank. Wir drehten uns um und winkten Tante Änne und Onkel Fritz, die uns mit ihrem VW-Bulli und dem Gepäck folgten. Mein Vater kannte den Weg. Deshalb fuhr er vor. Toll, ein Ausflug zum Dreifelder Weiher mit Picknick!

Tante Änne und meine Mutter konnten nicht schwimmen. Sie waren auf dem Land aufgewachsen, und dort gab es keinen See und schon gar kein Schwimmbad in der Nähe. Wir anderen gingen sofort ins Wasser. Von dort konnten wir unseren Lagerplatz immer sehen. Das Erkennungszeichen war der gelbe Sonnenschirm, der schief im Erdboden steckte, als wolle er gleich umfallen. Dann raus aus dem Wasser, abfrottieren, unter den Bademänteln irgendwie in trockene Sachen schlüpfen und picknicken. Onkel Fritz hatte einen Gaskocher dabei; es gab sogar warme Würstchen. Wir saßen auf karierten Decken, in der Mitte die Teller, Besteck, Servietten und eine Tube Senf.

„Probier mal, ob sie schon gut sind!" „Ja, so kann man sie essen." „Letzte Woche hat mir jemand erzählt, dass es hier Blindschleichen gibt." Der Blitz schlug bei mir ein. „Was, Blindschleichen?" Zack – ich stand kerzengerade auf der karierten Decke. Blindschleichen! Am liebsten hätte ich nur auf einem Bein gestanden. „Die sind nicht giftig." – „Die tun nichts." – „Die haben Angst vor Menschen." – Alle Beteuerungen, dass Blindschleichen völlig harmlos sind, konnten mich nicht dazu bringen, mich wieder auf die Decke zu setzen. So nahm ich das Picknick im Stehen ein.

Erklärender Anhang: Ich stand dort und hatte von oben den besten Überblick auf die Wiese, durch die sich der vermeintliche Feind nähern könnte. Meine Abneigung gegen diese sich schlängelnden Tiere war so groß, dass mich logische Argumente nicht erreichten. Inzwischen weiß ich: Blindschleichen tun ja wirklich nichts!

Onkel Fritz

Eigentlich hieß er Friederich, aber alle nannten ihn Fritz – und das war ihm auch recht. Friederich war ihm zu langweilig, und langweilig passte nicht zu ihm. Tante Änne und er hatten keine Kinder, darum kümmerte sich Onkel Fritz um alle Kinder in der Verwandtschaft. Er machte das intensiv und liebevoll, und wir alle dachten, dass er sicher ein guter Vater gewesen wäre. Aber wer weiß, vielleicht war er ein guter Onkel, weil er kein Vater war. Egal, wir hatten ihn alle gern.

Vor einer Woche war Elisabeth mit ihrem Tretroller gestürzt. Sie war zu schnell und rutschte in der Kurve weg. Dabei schlug sie sich das Knie auf. Weinend kam sie nach Hause. Onkel Fritz nahm sie in den Arm. „Tut es sehr weh? Dann werden wir es ordentlich verarzten. Zuerst etwas Salbe – ganz vorsichtig – schau mal, es blutet schon nicht mehr – und dann ein großes Pflaster drauf. Und schon hast du keine Schmerzen mehr – höchstens nur ein ganz klein wenig. Stimmt es?" „Mhmh."

Kleinere Verletzungen, Traurigkeit, Probleme in der Schule, Onkel Fritz hatte für alles Zeit. Er nahm die Kinder mit ihren kleineren oder manchmal auch größeren Sorgen ernst. Darum waren auch alle traurig, als er eines Tages sehr krank wurde. Es war so ernst, dass er sogar in der Uni-Klinik behandelt wurde. Elisabeth dachte an ihr Knie und an alles andere auch. Sie betete jeden Abend für ihren Onkel. Auf dem Höhepunkt ihrer Angst versprach sie: „Lieber Gott, lass meinen Lieblingsonkel nicht sterben, ich verspreche dir dafür, dass ich jeden Tag bete." Elisabeth strengte sich an, ihr Versprechen zu halten. Es war ihr richtig ernst – und es half. Onkel Fritz wurde wieder gesund.

Erklärender Anhang: Onkel Fritz hätte gerne Kinder gehabt. Leider klappte es nicht, darum kümmerte er sich um den Nachwuchs in seiner Verwandtschaft. Damit kompensierte er den Mangel, den er verspürte und erfüllte sich auf diese Weise seinen Wunsch nach Kindern. Es bleibt die Frage offen, ob er mit eigenen Kindern die gleiche Empathie für andere gezeigt hätte.

Tante Helene

Kaffeeklatsch. Meist erschien die gesamte Verwandtschaft, jedenfalls der weibliche Teil. Tante Else, Tante Anna und Tante Helene kamen aus dem Nachbardorf. Tante Frieda wohnte etwas weiter entfernt, darum brachte ihr Neffe sie mit dem alten Mercedes. Mittags, als ich aus der Schule kam, duftete es bereits nach Kuchen: Butterkuchen, Streuselkuchen und immer der Tortenboden mit Sauerkirschen. Dieser Tortenboden war so knusprig, dass er einem oft von der Kuchengabel und vom Teller sprang. Wir nannten ihn Springkuchen. Das konnte peinlich werden. Wenn er zusammen mit Kirschen und Sahne sprang, gab es Flecken auf der Tischdecke oder sonst wo …

Die Klingel. Es war Tante Frieda mit Hut und dem komischen Netz vor ihrem Gesicht. Der Neffe war schon weg, er hatte geschäftlich zu tun. Für mich gab es Schoko-Schiebefigürchen von Lindt. Das leisteten wir uns nicht. Aber die Tante wollte mir eine Freude machen. Mit den Schiebefiguren konnte ich dem Schneemann das Oberteil des Schornsteinfegers verpassen – und dem Schornsteinfeger das Oberteil einer Prinzessin, usw.

Kurz darauf standen die drei aus dem Nachbarort vor der Haustür. Jede von ihnen hatte einen weichen Fellkragen am Mantel. Tante Helene, wie immer, ihren kleinen, roten Fuchskragen mit Fuchsgesicht und Pfötchen. Ich war stets hin und her gerissen: schön – scheußlich? niedlich – abstoßend? soll ich ihn anfassen – soll ich weggucken?

Irgendwie war ich dann froh, wenn Tante Helene den Mantel ausgezogen hatte und mit ihrer weißen Spitzenbluse am Esszimmertisch saß. Ja, Tante Helene war irgendwie besonders. Das fiel mir auch beim Tortenboden auf, dem harten Springkuchen. Sie kaute auf ihm herum und plötzlich saßen ihre Zähne schief. Sie wurde ärgerlich, griff in ihren Mund und nahm die Zähne heraus. Sie wickelte sie in ein weißes, gesticktes Taschentuch und ließ sie in ihrer Handtasche verschwinden. Für mich war das wie Zauberei. Ich konnte meine Zähne nicht herausnehmen! Warum kann Tante Helene das?

Meine Mutter erklärte mir später die Sache mit den dritten Zähnen. Also doch keine Zauberei. Gibt es ja auch nicht.

Erklärender Anhang: Damals wusste ich, Zähne sind zum Kauen da. Deshalb staunte ich über meine Tante, die zum Essen die Zähne offensichtlich nicht brauchte. Ich wusste nichts von einem künstlichen Gebiss – und erst recht nichts von einem schlecht sitzenden.

„Teets“

Allein mit zwei Kindern, mit zwei sehr kleinen Kindern, die noch nicht einmal meine eigenen waren. Und das den ganzen Abend lang, mindestens drei Stunden. Herbert, mein Bruder, ist heute mit seiner Frau ins Kino gegangen. Sie wollen gerne einmal einen Abend allein für sich sein. Das kann ich gut verstehen. Ich wohne seit zwei Wochen bei ihnen und komme gut mit den Kindern klar, darum hatten Herbert und seine Frau keine Bedenken, mich mit ihnen allein zu lassen. Ich schon.

Mit Grit, der Jüngsten, ist alles kein Problem. Ab ins Bett und schlafen, so wie sich das für kleine Kinder gehört. Aber Ben sieht das ganz anders. Er findet es spannend mit mir. Alles ist anders und vielleicht denkt er, mit dem Onkel werde ich schon fertig. Und er hat Recht.

„Ich will ein Teets!“, sagt er. „Was möchtest du?“ „Ein Teeets!“

Jetzt schon etwas lauter. Ich überlege angestrengt. Ben schaut mich an: „Teeeeets!“ Wahrscheinlich hält er mich für etwas dumm, seine Eltern verstehen ihn immer. Da kommt mir eine Idee. „Ben, meinst du Keks?“

„Teets.“

Aha, das wird es wohl sein. Aber wo sind die Dinger? Ich suche in der ganzen Wohnung. Ben immer hinterher. In der Küche finde ich endlich eine Tüte Zwieback. Alles in Ordnung. Ben schmeckt es. Mir auch.

Dann schiebt er eine Kiste mit Holzklötzen auf den Teppich. Ich gehe in Bauchlage, wir beide fangen an. Wir teilen uns die Arbeit: Ich baue, Ben haut immer alles um. Ich glaube er hat mehr Spaß als ich.

Auf einmal ist da ein etwas unangenehmer Geruch. Erst schwach, dann deutlicher. „Ben, hast du gepupt?" Keine Antwort, stattdessen mehr Geruch. Ich will es nicht wahrhaben, aber es lässt sich nicht länger leugnen. Die Windel ist voll.

Ich denke über Flucht nach. Aber dann hole ich die Windeln und lege Ben auf den Wickeltisch. Immerhin verfüge ich über etwas Erfahrung und es klappt recht gut. Ben lässt alles über sich ergehen, als sei es das normalste der Welt, dass ich ihn wickele. Wenn er wüsste. Dann gähnt er und rollt mit den Augen. Aha, endlich.

Erklärender Anhang: Dass Ben gähnte und mit den Augen rollte, waren Anzeichen für seine Müdigkeit. Ich war froh, dass er einschlief und erleichtert, diese für mich nicht alltägliche Aufgabe erfolgreich zu beenden.

Unerwarteter Besuch

Was für ein Sonnenuntergang. Wir standen auf der Terrasse. Weit konnte man über den Ort hinweg schauen. Am Horizont zeichnete sich ein Nadelwald schwarz gegen den orangeroten Himmel ab. Ein Auto fuhr auf den Hof. Es war Tante Änne. Völlig unerwartet, oder? „Ich habe dir doch vor zwei Wochen gesagt, dass ich für drei Tage komme." Meine Mutter hatte es vergessen. Die Freude war umso größer, Tante Änne konnte immer kommen. Das Gästezimmer war stets vorbereitet, es wartete geradezu auf sie. Der Kühlschrank eigentlich auch. Salami, Schinken, verschiedene Käsesorten und Tomate mit Zwiebeln gab es zum Abendessen, dazu ein Glas trockenen Weißwein. Wir redeten bis spät in den Abend.

Weißt du noch, als wir das Schiff verpasst haben ...? Weißt du noch, als ich die Einkaufstüte stehen gelassen habe ...? ... als mir der Hut wegflog? Beim zweiten Glas Wein wurden die Geschichten lustiger. Dann gähnte Tante Änne und stand auf. „Also ich gehe jetzt schlafen. Die Autofahrt hat mich müde gemacht." Sie verschwand im Badezimmer.

Fünf Minuten – Tante Änne war im Badezimmer – zehn Minuten – Tante Änne war im Badezimmer – 15 Minuten. Wir hatten nur ein Badezimmer und Tante Änne war immer noch darin. Schminkt sie sich für die Nacht? Nein! kann nicht sein! Sie war doch müde, hatte sie gesagt. War sie eingeschlafen? Zwanzig Minuten – Tante Änne erschien. Sie sah genauso aus wie vorher – kein bisschen anders. „Gute Nacht! Schlaft gut!“ – und verschwand im Gästezimmer. Kann man so viel Zeit im Badezimmer brauchen für gar nichts?

Besondere Begegnungen

Allerweltsgesicht

Mit sieben Jahren musste ich ins Krankenhaus. Als ich nach drei Wochen glücklich wieder nach Hause kam, meinte meine Mutter, ich sähe etwas blass aus und sei auch noch ein wenig schwach. Ich wurde zur Kur in ein Kindererholungsheim geschickt. Leicht fiel mir das nicht, lieber wäre ich zu Hause geblieben. Aber ich arrangierte mich. Nach einer Woche kamen die Neuen. In der Gruppe war ein ganz Kleiner, ungefähr fünf Jahre alt. Vielleicht sah er nur so aus, weil er die Erholung wirklich nötig hatte. Um ihn ein wenig von seinem Heimweh abzulenken, forderte ihn eine Betreuerin auf: „Schau dir doch mal die Jungen an!“, sie deutete auf uns „alte“. „Kennst du einen?“ Ohne zu zögern lief der Junge auf mich zu, zeigte mit dem Finger auf mich und sagte: „Den da.“ Es war ebenso eindeutig wie unmöglich. Die Gruppe kam aus Bremen. Da war ich noch nie in meinem Leben gewesen. Das war der Start zu meiner Karriere als Durchschnittsmensch. Beim Sport, auf Fortbildungen, im Urlaub und beim Abendessen mit meiner Frau trafen mich immer wieder Leute, die glaubten, mich schon einmal gesehen zu haben.

Und wieder einmal! Meine Frau und ich waren im Baumarkt, um Fliesen für unsere Einliegerwohnung zu kaufen. Ein freundlicher Verkäufer hatte uns dabei geholfen die Fliesenpakete, jedes ungefähr 25 kg schwer, auf den Einkaufswagen zu laden. Jetzt mussten sie ins Auto. Es fiel uns wirklich schwer. Gerade einmal fünf Pakete hatten wir geschafft, als ein Fiat mit zwei Ausländern neben uns anhielt. „Ich helfen?“ Ich zögerte noch ein wenig, aber meine Frau willigte sofort ein. Einer der beiden war etwa 1,90 m groß, sicherlich 120 kg schwer und durchtrainiert. Er beförderte die Fliesen mit einer Leichtigkeit ins Auto, als wären es leere Pappschachteln. „Du nixe weiß?“, fragte er mich in einem holprigen Deutsch. „Iche Mario. Wir zusammen Baustelle.“ Ich hatte keine Ahnung. „Wo denn?“, fragte ich ihn, „in welcher Stadt?“ „Mönchengladbach.“

Auch in Mönchengladbach war ich noch nie. Da wusste ich Bescheid. Wieder einmal. Bestimmt das zwanzigste Mal in meinem Leben.

Der Radfahrer

Aufstehen, Zähne putzen, Wasser ins Gesicht und hinein in die Sportkleidung. Mütze auf, es ist frisch. Heute gehe ich die große Runde. Der Weg mitten durch die noch kahlen Felder führt mich zum kleinen Wäldchen. Die ersten Schritte fallen mir schwer, ich bin noch nicht so richtig wach. Eine sportlich gekleidete Frau kommt mir entgegen. In der Ferne taucht ein Fahrradfahrer auf. Er fällt mir auf durch die kerzengrade Haltung – war bestimmt beim Militär. Als er näherkommt, erkenne ich, dass er eine schwarz-rote Kluft trägt, fast wie eine Motorrad-Kombi. Unter seinem Helm schaut das pausbäckige, gerötete Gesicht eines vielleicht 70-jährigen Mannes hervor. Er tritt gemächlich in die Pedale, aber er mogelt. Das Fahrrad fährt relativ schnell. Das Fahrrad, nicht er. Es ist ein E-Bike, ich höre das Surren. Ich grüße freundlich – eigentlich gebietet die Höflichkeit, dass er zuerst Guten Tag sagt. Er grüßt nur spärlich zurück. Im Vorbeifahren höre ich „Präsident Putin und Angela Mer …“ aus seinem Lautsprecher. Kaum zu glauben, auf dem Fahrrad mitten auf dem Feld, hört er Radio.

Am nächsten Morgen, es ist die gleiche Zeit und auch der gleiche Fahrradfahrer. Ich grüße zuerst, wie gestern. Er grüßt auch – ein wenig. Im Vorbeifahren höre ich „… am Tage sieben Grad und …“ Ich bin jetzt stets auf dem Laufenden.

Am nächsten Morgen. Es ist nebelig. Im Dunst erkenne ich andere Spaziergänger und Radfahrer erst in meiner

Nähe. Der schwarz-rot gekleidete E-Biker ist nicht dabei. Ihm wird doch nichts passiert sein. Er sah so frisch aus im Gesicht. Bestimmt hat er sich gedacht: Heute schon wieder dieser Frau mit den weißen Turnschuhen und der gelben Jacke begegnen. Nein! Außerdem grüßt die immer so aufdringlich. Nein, heute fahre ich eine andere Strecke.

Die neue Frisur

Die Freundin meines älteren Bruders gefiel mir wirklich sehr gut. So schön wie sie wäre ich auch gerne. Ich begann sie äußerlich zu kopieren. Sie trug einen wunderschönen rotkarierten Glockenrock. Ich drängte meine Mutter, mir genauso einen Rock zu nähen. Im Freibad konnte man sie von weitem erkennen mit ihrer außergewöhnlichen Badekappe voller blau-weißer Blüten aus weichem Gummi. Sehr geschmackvoll trug sie dazu einen blauen Badeanzug. Mein bunter Badeanzug war mir eh zu klein. Ein neuer dunkelblauer musste her. Das war auch kein Problem. Aber die Badekappe war nicht so leicht zu beschaffen. In unserem Dorf gab es so etwas ohnehin nicht. Da musste man schon in die Stadt. Meine Mutter hatte erkannt, worum es ging und machte mit. Die Badesaison war fast zu Ende, als ich endlich ein ähnliches blauweißes Modell gefunden hatte. Sie, die ich so bewunderte, trug ihre glatten blonden Haare als Pferdeschwanz; eine Strähne wickelte sie immer um das Haargummi, das die Frisur am Hinterkopf hielt. So eine Frisur hatte außer ihr niemand. Bald vielleicht ich!? Im Sommer hatte mein Haar Zeit gehabt zu wachsen mit dem Ziel, irgendwann eine Pferdeschwanzfrisur zu werden.

Ihre Haare waren blond, meine auch. Ihre Haare waren lang, meine jetzt auch ein bisschen. Ihre Haare waren glatt, meine ganz und gar nicht; sie kräuselten sich beim leichtesten Windhauch. Trotzdem – heute arbeitete ich an der neuen Frisur. Ein bisschen kurz, ein bisschen kraus, viele kleine Metallklämmerchen disziplinierten mein widerspenstiges Haar. Da platzte mein Bruder ins Badezimmer, ohne anzuklopfen. Er musste wohl mal wieder ganz eilig zu seiner Verabredung und war in dieser Eile gar nicht charmant. „Wie siehst du denn aus?“ Das sprach eindeutig gegen meine neue Pferdeschwanzfrisur.

Ich stand vor dem Spiegel, schaute mich ganz genau an. Eigentlich hatte mein Bruder Recht. Diese Frisur passte nicht zu mir. Vielleicht passte alles, was ich kopierte, nicht zu mir.

Aber das ist ein langer Prozess mit vielen Erkenntnissen. Ich arbeite heute noch daran.

Ekel Alfred

„Warum läuft denn die Kaffeemaschine so langsam? Bestimmt schon wieder kaputt. Ist ja auch erst zweieinhalb Jahre alt. Die bauen doch extra schwache Teile ein, die nach Ablauf der Garantiezeit ihren Geist aufgeben." Alfred ist sauer. Mit 48 lebt er immer noch mit seiner Mutter zusammen in einer kleinen Mansardenwohnung am Rand von Frankfurt.

„Reg dich nicht so auf", sagt sie. „Ist nicht gut für den Magen." „Ach, hör doch auf, die da oben kümmern sich doch nur um die Reichen. Für uns kleine Leute interessieren die sich nicht. Das sieht man doch am besten bei der Straßenbahn. Die ist doch viel zu teuer."

„Was soll denn deiner Meinung nach eine Fahrkarte kosten?"

„Gar nichts!"

„Aber dann fehlt dem Staat doch Geld."

„Die Reichen können ruhig mehr Steuern zahlen."

„Stell dir doch mal vor, du wärst König von Deutschland! Was würdest du dann machen?"

Alfred hat Glück. Er muss keine Antwort geben. Es klingelt an der Tür. Seine Nichte. Sie merkt schnell, was mit Alfred los ist und fragt ihn: „Warum hast du so schlechte Laune? Hast du gesehen, wie schön die Sonne scheint? Hör mal! Ich hab im Kindergarten ein neues Lied gelernt." Sie singt mit ihrer Piepsstimme so manch schiefen Ton: „Der Müller hat ein Mühlenhaus, Mi – Ma – Mühlenhaus …“ Die Melodie ist einfach und einprägsam. Mit seiner verrosteten Stimme brummt Alfred mit: „… kommt Mehl hinein, kommt Brot heraus, Bri – Bra – Brot heraus …“ Nach der zweiten Strophe mit den Wecken und den Schni – Schna – Schnecken ist Alfreds Laune wieder normal, vielleicht sogar gut. „Komm, wir zwei gehen mal zum Spielplatz mit der Riesenrutsche. Die Sonne scheint, ich spendiere ein Eis im Hörnchen.“ Alfred nimmt den Haustürschlüssel, Evelyn kommt hinterher im Hopseschritt und Mutter schüttelt verwundert ihren Kopf.

Eselshof

Viele Bauernhöfe betreiben neben Ackerbau und Viehzucht Hofläden, in denen sie Hausgemachtes verkaufen: Brote, Kuchen, Wurst, Marmelade und vieles mehr. Mein Mann und ich gingen gern zu einem Bauerncafé in unserer Nähe. Aus der Bäckerei des Hofes duftete es immer nach frischem Hefegebäck. Auf der angrenzenden Wiese sprangen drei Esel herum und machten Lärm. Allerdings kein I-ah, sondern Geräusche, die sich eher wie eine knarrende Schranktür anhörten.

Ein kleines Holzhäuschen auf der Wiese war als Kuchenstand umfunktioniert. Am geöffneten Fenster stand ein junges, freundliches Mädchen mit kurzen blonden Haaren und einer frisch gebügelten, karierten Bluse. Neben ihr eine Kaffeemaschine. Viele Plastikstühle und Tische, verteilt auf der Wiese im recht hohen Gras, und – ein Esel. Ja, ein Esel lief zwischen den Gästen herum. Er sollte wahrscheinlich das Mähen erledigen. Tat er aber nicht.

„Der Kaffee ist nicht schlecht“, meinte ein Mann neben uns. Er saß auf einem niedrigen Mäuerchen, den Kuchenteller neben sich, und hielt sein Gesicht in die ersten warmen Sonnenstrahlen des Frühlings.

„Stimmt, der Kaffee ist gut“, sagte ich zu meinem Mann. „Mein Stachelbeerkuchen ist besser“, meinte er. „Wie kann man Kaffee mit Stachelbeerkuchen vergleichen?“, fragte ich.

Der Esel verhinderte weitere Diskussionen. Er fraß die Sahnetorte vom Teller unseres Nachbarn und leckte sich das Maul. Im nächsten Moment öffnete unser Nachbar die Augen, nahm den Kuchenteller in die eine Hand, die Kuchengabel in die andere und aß ein weiteres Stückchen Torte. „Hat er es gar nicht gemerkt oder ist er so tierlieb?“ Jedenfalls wussten wir jetzt, warum das Gras auf der Wiese so hoch war.

Erklärender Anhang: Der Nachbar hatte mit geschlossenen Augen die Sonne genossen und geträumt – und den mitessenden Esel vermutlich nicht entdeckt. Dem Esel schmeckte der Kuchen jedenfalls besser als das Gras.

Jupp

Jupp hat jahrelang unter Tage gearbeitet, jetzt ist er Frührentner. Er hat so viel Zeit, dass es ihm schon keinen Spaß mehr macht. Er ist richtig faul geworden. Vor lauter Langeweile isst er mehr, als für ihn gut ist. Inzwischen ist er dick, genau wie sein Hund.

Gelegentlich hilft er seinem Bruder im Garten. „Jupp, kannst du bitte vorn vor der Garage das alte Laub wegfegen“, ruft sein Bruder. „Das lohnt sich nicht“, meint Jupp, „morgen liegt doch schon wieder neues Laub am Boden.“ Er geht langsam nach hinten zum Rosenbeet, in der rechten Hand ein belegtes Brot, links einen Schokoriegel. „Ich brauche Energie“, meint er. „Mein Hund auch.“ Der ist nämlich immer dabei. Er ist blind und muss an der Leine geführt werden. Aber total freundlich. Wenn er merkt, dass jemand kommt, steht er auf, wedelt mit dem Schwanz und jault vor Freude. Er ist wirklich freundlich zu jedem.

„Hallo Jupp!“, ruft der Nachbar von gegenüber, „komm doch mal rüber. Ich hab zwei Pils im Kühlschrank.“ Jupp wird auf einmal ganz schnell. „Lass uns in den Garten gehen“, meint sein Nachbar, „ich würde gerne rauchen.“ Sie machen das schmiedeeiserne Törchen zu und rücken ein paar Klappstühle zurecht. Der Rasen ist top gemäht. Mitten drin ein kleiner Teich. Schön hat er es hier, denkt Jupp. Ist ja auch Eigentum. Jupp wohnt zur Miete. „Wie oft musst du mähen?“, erkundigt sich Jupp.

„Einmal pro Woche.“

„Elektro oder Benzin?“

„Elektro.“

Sie unterhalten sich weiter in diesem Telegrammstil und verstehen sich gut. Plötzlich macht es: Platsch! Das ist der Hund. Er ist im Teich gelandet – sehen kann er ja nichts, schwimmen allerdings. Jupp hilft ihm heraus und trocknet ihn ab.

Erklärender Anhang: Jupps blinder Hund kannte den Garten des Nachbarn noch nicht. Darum war er tatsächlich in den kleinen Teich gefallen. Aber er wurde gerettet. Später hat Jupp ihn immer angeleint.

Mülltonnen

Jetzt aber schnell. Da hinten fährt schon die Müllabfuhr. Meine Frau und ich kommen vom Einkauf zurück und haben unsere Mülltonne noch nicht rausgestellt. Und wir haben so viel zu entsorgen. Unsere Tonne ist randvoll und in der Garage stehen noch einige Müllsäcke – die passten nicht mehr rein. Ich versuche den Traktor vor mir zu überholen, aber vergeblich, Gegenverkehr. Jetzt sind wir zu spät. Schade.

Zu Hause angekommen stehen vier Tonnen in Reih und Glied. Warum vier? Es müssten doch drei sein. Aber unsere ist dabei. Die Nachbarn haben sie herausgestellt. Sie haben gesehen, dass unsere Tonne fehlt und haben sie geholt. Wir wohnen erst ein paar Wochen hier und sind mit dem System noch nicht so richtig vertraut. Vor seinem Haus schräg gegenüber steht Dieter. Ich gehe hinüber und bedanke mich für seine Hilfe.

„Nein“, wehrt er ab, „das war Roswitha.“ „Warum Roswitha?“ „Wir machen das hier immer so, wir vier hier am Wendehammer. Damit es für die Müllabfuhr leichter ist, stellen wir die Tonnen immer nebeneinander auf.“

„Und wenn jemand mal nicht da ist, so wie wir heute?“

„Das spielt keine Rolle. Dann übernimmt das ein anderer.“

„Und wer?“

„Ganz egal. Irgendwer.“

„So ganz ohne Plan?“

„Plan? Was für ein Plan?“

„Irgendwie muss man doch für Ordnung sorgen. Jeder muss doch wissen, wann er dran ist.“

„So ein Quatsch. Wir brauchen keinen Plan. Das läuft hier so seit über zehn Jahren und ist noch nie schief gegangen.“

Ich bin beeindruckt. Die nachbarschaftliche Gepflogenheit geht noch weiter. Wenn die Mülltonnen geleert sind, bringt der erste, der seine eigene Tonne holt, alle anderen Tonnen auch wieder zurück.

Zwei Wochen später. Vor der Haustür treffe ich einen meiner Nachbarn. In einem Nebensatz erwähne ich, dass wir bedingt durch unseren Umbau viel Müll haben, den wir nicht in unserer Tonne unterbringen können. Als ich zwei Stunden später wieder nach draußen komme, steht die Mülltonne des Nachbarn vor unserem Haus, höchstens halbvoll. Vielen Dank!

Erklärender Anhang: Der Nachbar hatte seine halbvolle Mülltonne vor unsere Haustür gestellt, um mir die Möglichkeit zu geben, unseren zusätzlichen Müll vom Umbau unterzubringen. Kurz vorher hatten wir uns nämlich darüber unterhalten. Diese sehr freundliche Geste nahm ich gerne an.

Schinkenbrote

„Hila, aufstehen! Du musst zur Schule." Mutter ist schon in der Küche. Noch einmal umdrehen, etwas räkeln, aber dann springt Hila aus dem Bett. Sie nimmt ihren Teddy in den Arm und erklärt ihm: „August, du setzt dich jetzt auf die Fensterbank und achtest auf den kleinen Vogel. Sprich ein wenig mit ihm, dann ist er nicht so aufgeregt." Seit ein paar Tagen kommt jeden Morgen ein junger Vogel zu ihrem Fenster. Er flattert rauf und runter und klopft mit dem Schnabel gegen die Scheibe. Richtig laut. Tack-tack-tack, tack-tack. Manchmal wird sie davon geweckt. Sie geht zum Fenster, ganz nah, und antwortet, indem sie mit ihrem Fingernagel an die Scheibe klopft. Das hört sich so ähnlich an. Das Vögelchen dreht den Kopf, schaut zum Finger, fliegt aber nicht weg. Hila würde gerne das Fenster öffnen. Sie ist sich sicher, dass der Vogel dann hereinfliegen würde, aber was dann? „Hila, frühstücken", ruft Mutter „ich habe dir deine Schinkenbrote schon in den Ranzen gepackt."

Vor der Schule sieht sie schon von weitem ihre Freundin. Moni war eine Woche krank und ist heute zum ersten Mal wieder in der Schule. Sie trägt immer noch einen Verband um ihren rechten Arm. Beim Schaukeln war eines der beiden Seile gerissen und sie hatte sich am Arm verletzt. „Hast du wieder ein Schinkenbrot dabei?", fragt sie Hila. Hila hat, sogar mehr als eins. Es ist kurz nach dem Krieg und Lebensmittel sind rationiert. Eine Familie bekommt nur 250 Gramm Fleisch in der Woche und nur auf

Lebensmittelmarken. Hilas Vater ist Metzger, darum ist ihre Familie besser dran. Seit Hila mit ihren Eltern über die Situation der anderen geredet hat, geben ihre Eltern ihr jeden Tag sechs Schinkenbrote mit. Um Zehn Uhr ist Pause. „He, kommt mal alle her!“, ruft Hila ihre Freundinnen, die sich schnell um sie herum versammeln. Sie faltet das Pergamentpapier auseinander. Ihre Mutter hat die großen Scheiben schon in Viertelstücke geschnitten. Das erleichtert das Verteilen. „Hast du auch noch eins für mich?“ Rudi kommt jetzt erst angerannt. „Na, klar.“ Hila halbiert ihr Viertel und reicht es Rudi. „Vielen Dank und grüße deine Eltern“, sagt Rudi. Für ihn ist das kleine Stückchen besonders wertvoll.

Erklärender Anhang: Während des Krieges hatten die Alliierten eine Blockade gegen Deutschland verhängt. Es konnte kein Handel mit anderen Ländern getrieben werden und mit dem Wenigen, was noch da war, wurde zuerst einmal die Front versorgt. Nach dem Krieg normalisierte sich die Versorgungslage erst nach Jahren. Lebensmittel waren rationiert und konnten nur mit Hilfe von Lebensmittelmarken gekauft werden.

Sportlich

Die Hälfte habe ich schon. Ein wenig langsamer schiebe ich den Rasenmäher an der Beetkante entlang. Vorsichtig, damit das Messer nicht gegen die Kantsteine schlägt. Mitten auf der Wiese steht eine Gruppe von Gänseblümchen. Ich umkreise sie mit dem Rasenmäher und lasse die weiße Blüteninsel stehen. Jetzt noch die Stahlrohrsessel unter der Birke zur Seite schieben und das kleine Stück mähen. Fertig. Ich stelle die Gartenstühle wieder an ihren Platz zurück und schaue noch einmal zur Gänseblümcheninsel. Da kommt meine Schwester über den Gartenweg – sportlich im Tennisdress. „Das passt ja sehr gut. Ich bin fertig mit meinem Tennistraining und du mit deiner Gartenarbeit!", grinst sie. „Komm lass uns ein Wasser trinken oder lieber eine Berliner Weiße?" Da meine Schwester später noch ihre Kinder aus der Schule abholen muss, entscheiden wir uns für das farblose Getränk. Außerdem löscht es den Durst besser und ist gesunder.

Der Sitzplatz unter der Birke im Halbschatten ist genau richtig. Meine Schwester lässt sich in den Sessel fallen. Schwungvoll schiebt sie beide Armlehnen zurück, genauso schwungvoll bewegen sich Fuß- und Rückenteil nach hinten. Weiter als gewünscht. Hoppla, da liegt der Stahlrohrsessel in ungewöhnlicher Position unter der Birke – meine Schwester auch! Sie rollt sich sportlich auf die Seite und ist blitzschnell wieder auf den Beinen. „Ich finde, du hast einen ziemlich blöden Sessel", bemerkt sie, während ich mich gar nicht bemühe, mein Lachen zu unterdrücken.

Zehn Pfennig

Ein grünes Tal mit saftigen Weiden. Wiesenschaumkraut überall. Hinter der alten Mühle schlängelt sich der Bach mit seinem klaren Wasser. Dann und wann gruppieren sich einige Weiden an seinem Ufer. Ich stehe auf einer schon etwas morschen Holzbrücke und sehe bis auf den Grund – sandig, mitten drin ein paar dicke Steine. Das muss sie sein, die Brücke in der Nähe der alten Mühle. Hier hat sich abgespielt, was mir meine Mutter so gerne erzählt.

Sie ging damals noch zur Schule und hatte von ihrem Onkel zehn Pfennig als Belohnung für ihre Mithilfe auf dem Feld und im Stall erhalten. Im Dorfladen gab es etwas Neues. Rote Kugeln, glatt und glänzend. Meine Mutter meinte ihnen anzusehen, wie süß sie schmecken würden. Zehn Pfennig waren sie bestimmt wert. Die braune Tüte war bis oben hin gefüllt mit den süßen Früchten. Meine Mutter setzte sich auf die Holzbrücke am Bach und ließ die Beine baumeln. Sie biss in die rote, süße Leckerei – pfui! Der Geschmack war ganz anders als erwartet, einfach entsetzlich! Mit Abscheu spuckte sie die roten Dinger in den Bach – und warf die ganze Tüte hinterher. Einige schwammen noch ein Weilchen zusammen mit der leeren Tüte, andere gingen sofort unter. Zehn Pfennig, wie schade!

Erklärender Anhang: Diese glänzend roten Kugeln waren Tomaten, die meine Mutter damals noch nicht kannte. Und sie schmeckten überhaupt nicht süß, wie sie es sich vorgestellt hatte.

Zwei Kirchen

Ich war noch ziemlich klein und hatte ganz wenig Ahnung von dem, was sich in unserem Dorf so abspielte. Es gab auf jeden Fall zwei Kirchen, eine große im Oberdorf und eine kleine im Unterdorf. Es gab auch zwei Volksschulen, eine große im Oberdorf und eine kleine im Unterdorf. Wir wohnten im Unterdorf in der Nähe der Bahnlinie. Mein älterer Bruder war begeistert von diesen schwarzen, dampfenden Lokomotiven. Wenn die Schranke schloss, ärgerten sich die Leute. Er freute sich, blieb stehen und staunte über die Kraft, die in dieser Dampfmaschine steckte und die scheinbar mühelos viele Waggons hinter sich herziehen konnte. Mein Bruder war groß und stark und lieb zu mir. Ich wollte ihn damals heiraten, später nicht mehr. Es war praktisch für mich und meine kleineren Streitereien. Ich konnte jederzeit drohen: „Ich habe einen großen Bruder und der ist ganz stark." Manchmal allerdings hatten die anderen noch größere und stärkere Brüder.

Eines Tages war es dann wieder einmal so weit. Wir Kinder aus dem Unterdorf hatten Streit mit denen aus dem Oberdorf. Auf der Grenze trafen wir uns. Viel Geschrei aus beiden Lagern. Ich glaube, wir waren lauter. Ingo hatte eine durchdringende Stimme und kannte die wildesten Beleidigungen. Er rief: „Haut bloß ab, sonst mache ich ernst. Wir sind sowieso mehr als ihr." Das stimmte leider nicht, darum mussten wir irgendwann zurückweichen. Wir liefen so schnell wir konnten in unsere Straße im Unterdorf zurück. „Warum sind wir weggelaufen?“, fragte ich atemlos, „Waren die anderen stärker?“ „Nein“, erwiderte Ingo, „wir waren schlauer.“

Dann war ich zu Hause. Schnell die Haustür zu und in die Arme meiner Mutter. „Mutti, bin ich eigentlich katholisch oder evangelisch?“

Erklärender Anhang: Ich war evangelisch. Meine Familie ging nämlich sonntags in die kleine Kirche im Unterdorf und meine Brüder besuchten die evangelische Volksschule. Die Kirchenbesucher der großen Kirche im Oberdorf waren katholisch, ihre Kinder gingen natürlich zur katholischen Volksschule. Das war mein erster Glaubenskrieg. Nur gut, dass es heute in unseren Dörfern diese Streitigkeiten nicht mehr gibt.